Kochen für die Klicke

Brigitte
Kochen für die Klicke

133 Rezepte –
einfach – schnell – sicher – billig –
für zwei und mehr Leute

Ein Brigitte-Buch
im Mosaik Verlag

Geschrieben vom Team des Brigitte-Ressorts Haushalt und Küche: Madeleine Jakits, Heike Kneese, Elisabeth Lange, Christa Lösch, Heidrun Miltzlaff, Burgunde Rudolph.

Herausgeber: Peter Brasch, Lektorat: Marita Heinz
Gestaltung: Dietmar Meyer, Ekkhart Blunck, Fotos: Ortwin Möller
Produktion: Jürgen Schmidt, Druckzentrale G & J
Satz: Type + Litho, Klaus Sakuth GmbH, Hamburg
Druck: Clausen + Bosse, Leck

Printed in Germany ISBN 3-570-03602-2

Wer gern mit seinen Freunden zusammen ist, ißt auch gern mit ihnen. Junge Leute haben's da oft schwer: Restaurants sind teuer, Fast-Food und belegte Brote werden bald langweilig. Also selber kochen – und das für vier, sechs, acht oder noch viel mehr Leute? Gar nicht so einfach, egal ob man noch bei den Eltern, in der Wohngemeinschaft oder im ersten eigenen Haushalt lebt. Irgendwo fehlt's immer: mal an Ideen, mal an Erfahrung, meist aber an Mut. Deshalb ist dieses Buch anders als andere Kochbücher:

Alle Rezepte sind einfach, meistens auch schnell zu machen und fast immer ohne Probleme für eine beliebig große Runde – vom Essen zu zweit bis zur Fete für Dreißig – umzusetzen.

Auch wer noch wenig Erfahrung beim Kochen und Backen hat, bekommt mit den Schritt-für-Schritt-Erklärungen in den Rezepten schnell Erfolgserlebnisse. Hier wird nichts als selbstverständlich vorausgesetzt; auch einfache, immer wiederkehrende Küchenarbeiten – vom Zwiebelhacken bis zum Teigrühren – werden jeweils einmal anschaulich erklärt. Querverweise in den Rezepten machen's einfach, noch mal nachzuschlagen.

Nicht nur für Anfänger interessant sind die vielen Tips für richtigen Einkauf, gesunde Ernährung und „Pannenhilfe", zum Beispiel beim Backen.

Übersicht auf einen Blick; unter jedem Rezept stehen Angaben über Portionen und Kalorien, Arbeitszeit,

Abwandlungen und eventuell nötige Spezialgeräte. Besonders hervorgehoben wird, wenn ein Gericht sich auch für eine große Runde vervielfachen läßt. Entsprechende Symbole machen alles deutlich.

DIE SYMBOLE UND IHRE BEDEUTUNG

Vorbereitungs- und Arbeitszeit

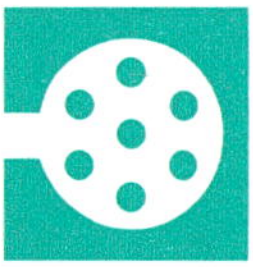

Geräte

Was besonders zu beachten ist

Abwandlungen

Wer im neugegründeten eigenen Haushalt gerade anfängt, sich fürs Kochen zu interessieren, merkt sehr schnell, was er alles dafür braucht. Leider kauft oder bekommt man im ersten Eifer oft Dinge, die ziemlich überflüssig sind. Unsere Grundausstattungs-Liste sieht zwar lang aus, erleichtert aber den Blick fürs Wesentliche und eignet sich auch als Wunschliste zum Abhaken. Eine solche Grundausstattung reicht für alle Rezepte in diesem Buch; die Anschaffung aufwendigerer Geräte, die die Arbeit zusätzlich erleichtern, lohnt sich nur für Leute, die sehr gern, sehr viel und sehr oft kochen.

Eine kleine Tabelle der verschiedenen Flüssigkeits-Maße, die es zum Beispiel auf Verpackungen und Meßbechern gibt, macht das Umrechnen auf einen Blick möglich.

1 Liter = 1000 ccm = 1000 ml = 100 cl = 10 dl
1/2 Liter = 500 ccm = 500 ml = 50 cl = 5 dl
1/4 Liter = 250 ccm = 250 ml = 25cl = 2,5 dl
1/8 Liter = 125 ccm = 125 ml = 12,5 cl = 1,25 dl
1 Tasse = etwa 1/8 Liter
1 Schnapsglas = etwa 2 cl = 20 ml
1 Eßlöffel = 18 ml
1 Teelöffel = etwa 6 ml

Grundausstattung

3 verschieden große Töpfe (1 l, 3 l und 6 l)

1 große beschichtete Bratpfanne (mindestens Ø 30 cm) mit Deckel

1 Kartoffel- oder Gemüsemesser

1 Brotmesser mit Wellenschliff

1 Fleischmesser mit spitz zulaufender Klinge

1 Sparschäler

1 Knoblauchpresse

1 Pfeffermühle mit Metallmahlwerk

1 Zitruspresse

1 rostfreie Haushaltsschere

1 Küchenwecker (Kurzzeitmesser)

2 verschieden große Siebe (Durchschläge) mit Haken zum Einhängen in Schüsseln oder Töpfe

1 großes Arbeitsbrett

1 Kochlöffel

1 Bratenwender

1 Dosenöffner

1 Litermaß

1 Meßbecher, besser eine Küchenwaage

1 Haushaltsreibe mit verschiedenen Reibflächen

1 Suppenkelle

1 Rührschüssel, Kunststoff

1 große Schüssel

1 elektrischer Handrührer

1 hoher Rührbecher

1 Schneebesen

1 Teigschaber

1 Eierpiker

ELEKTRISCHER HANDRÜHRER

Zum Schlagen, Rühren und Kneten ideal. Zu seiner Grundausstattung gehören fast immer zwei Knethaken, zwei Quirle und eine Wandhalterung. Passierstab, Schneidstab und ein auf das Gerät abgestimmter Rührbecher sind eine praktische Ergänzung. Für viele Modelle gibt es weiteres Zubehör, so daß sie bei nicht zu großen Ansprüchen eine Küchenmaschine ersetzen können. Vorsicht bei zu langer Benutzung und zu schweren Teigen (Brot backen!): Handrührer müssen nach sechs bis zehn Minuten Betrieb erst mal etwas abkühlen, sie können bei zu großer Belastung sonst einen Motorschaden bekommen.

1 Backblech

1 Springkuchenform (Ø 24 cm) mit Napfkuchen-einsatz

1 Kastenform (30 cm lang)

1 ofenfeste Form (2 l)

Backtrennpapier

ZUSÄTZLICHE GERÄTE, DIE DIE ARBEIT ERLEICHTERN

Küchenmaschine mit
Gemüseschnitzelwerk
oder
Schnitzelwerk zum Handrührer

Blitzhacker

Mixaufsatz für Küchenmaschine oder Handrührer

Palette (Glasur- oder Tortenmesser)

BACKOFEN NICHT VORHEIZEN

Die Energie fürs Vorheizen kann man sparen: Grundsätzlich gelingt alles, auch wenn es in den kalten Backofen geschoben und dann erst die erforderliche Temperatur eingeschaltet wird. Sonderfälle: alle Speisen, die nur kurz überbacken oder übergrillt werden. Sie brauchen gleich die volle Hitze. In den entsprechenden Rezepten heißt es dann, „in den ausnahmsweise vorgeheizten Backofen" oder „unter den ausnahmsweise vorgeheizten Grill" schieben.

Menüs und Büfetts

Mit den Rezepten aus den verschiedenen Kapiteln dieses Buches lassen sich leicht mehrgängige Menüs zusammenstellen. Ein kleiner Snack oder ein Salat werden zur Vorspeise, ein Fleischgericht wird zum Hauptgang und etwas Süßes oder Gebäck zum Dessert.

Nicht ganz so leicht ist es dagegen, ein Büfett für 20 oder mehr Leute vorzubereiten, denn nicht jeder ißt von allem gleich viel – und gern. Bei einem Fest, das viele Stunden dauern wird, ist außerdem der Appetit der Gäste nur schwer einzuschätzen; der große Hunger zu später Stunde kann die beste Planung durcheinanderbringen. Eine zuverlässige Faustregel: die Kalorien der ausgewählten Rezepte zusammenzählen. Ergeben sich beim Teilen durch die Gästezahl gut 1000 Kalorien pro Kopf, wird bestimmt jeder satt. Wer ganz auf Nummer Sicher gehen will, hält noch Baguette (eines für zwei bis drei Leute), eine Mettwurst (oder andere Dauerwurst), Käse (eine oder zwei Sorten am Stück), Gewürzgurken und Oliven im Glas bereit. Was von dieser „stillen Reserve“ übrigbleibt, kann man auch in den nächsten Tagen noch gut essen.

Noch ein paar grundsätzliche Tips zum Zusammenstellen eines Büfetts:

Solche Salate auswählen, die auch nach mehreren Stunden auf dem Tisch noch nicht schlappmachen. (Entsprechende Hinweise stehen unter den Rezepten im Kapitel „Salat“.)

Warme Gerichte sollten sich mit wenig Aufwand heiß halten lassen; am besten eignen sich Eintöpfe und Suppen. Reste davon können problemlos eingefroren werden.

Ganze Braten, Kuchen oder Torten am besten vorportionieren, damit sie nicht beim ersten Ansturm zerfallen und unansehnlich werden; auch Nachzüglern sollen sie noch Appetit machen.

Die Arbeitszeiten unter den einzelnen Rezepten helfen bei der Planung eines Büfetts. Beim Kalkulieren der gesamten Vorbereitungsdauer stellt sich schon heraus, wann man anfangen muß und ob man die Arbeit überhaupt allein schafft oder lieber jemanden um Hilfe bittet. Dabei auch an die Zeit fürs Einkaufen denken!

Snacks & Imbiß

Um den kleinen und mittleren Hunger zwischendurch zu stillen, muß man nicht stundenlang einkaufen und in der Küche stehen. In diesem Kapitel gibt es blitzschnelle Suppen, kleine Gemüsegerichte, Überbackenes und überraschende Ideen für belegte Brote. Ob zum spontanen Abendbrot mit Freunden oder zum Büfett für die nächste Fete – diese Rezepte machen's einfach, leicht und schnell.

Überbackene Champignons

Foto Seite 66

In 1 Stunde fertig (reine Arbeitszeit 30 Minuten)

Backofen, ofenfeste Formen

Läßt sich gut vorbereiten und bis zum Überbacken etwa zwei Stunden im Kühlschrank aufbewahren.

Die Füllung schmeckt auch in Tomaten. Dafür von 4 Tomaten einen Deckel abschneiden und das weiche Fruchtfleisch mit einem Teelöffel herauslösen. Statt der Champignonstiele 50 Gramm kleingeschnittene Champignons unter die Füllung mischen.

1 Tomate, 12 große Champignons, 100 g gekochter Schinken im Stück, 100 g Käse (z. B. Gouda oder Cheddar), 1 Bund Petersilie, Salz, frisch gemahlener Pfeffer, 20 g Butter oder Magarine.

1 Die Haut der Tomate am Stielansatz kreuzweise leicht einritzen. Tomate mit kochendem Wasser übergießen und knapp eine Minute darin liegenlassen. Herausnehmen. Die Haut mit einem spitzen Messer abziehen.

2 Tomate vierteln. Die Kerne entfernen und das Fruchtfleisch in feine Würfel schneiden.

3 Von den Champignons die Stielenden abschneiden. Champignons in einer Schüssel mit kaltem Wasser waschen, dabei mit den Händen vorsichtig hin und her bewegen.

4 Champignons auf einem Sieb abtropfen lassen und mit Küchenkrepp gut trockentupfen.

5 Stiele mit zwei Fingern aus den Pilzköpfen herausdrehen. Die Köpfe in vier ofenfeste Portionsförmchen oder eine große Form setzen.

6 Pilzstiele und Schinken fein würfeln. Mit Tomatenstücken, geriebenem Käse und grob gehackter Petersilie mischen. Mit wenig Salz (der Käse kann recht salzig sein!) abschmecken.

7 Die Füllung in die Champignons geben. Fett in Stückchen darauf verteilen. Formen in den Backofen schieben, auf 225 Grad/Gas Stufe 4 schalten und etwa 25 Minuten überbacken, bis der Käse zerlaufen ist.

Für 4 Portionen (pro Portion ca. 210 Kalorien/879 Joule)
Dazu paßt Stangenweißbrot

Käsestangen

Frühestens in 1 Stunde fertig (reine Arbeitszeit 25 Minuten)

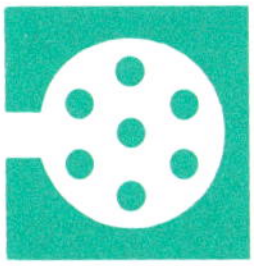

Kuchenrolle (oder Flasche), Pinsel

Die Stangen halten sich in einer Blechdose verpackt etwa 2 Wochen; kurz vor dem Servieren im Backofen bei 200 Grad/Gas Stufe 3 etwa zehn Minuten aufbacken.

1 Paket TK-Blätterteig (300 g), Mehl zum Ausrollen, 100 g Emmentaler Käse oder mittelalter Goudakäse, 2 Eigelb, 2 Eßl. Sesam oder Mohn.

1 Blätterteigscheiben auftauen lassen und zu einem Quadrat von 40 Zentimeter ausrollen (→S. 102).

2 Käse reiben.

3 Ein Eigelb mit einem Eßlöffel kaltem Wasser verrühren und die Teigplatte damit bestreichen. Dabei darf kein Eigelb auf den Teigrand kommen.

4 Teigplatte gleichmäßig mit dem Käse bestreuen.

5 Die Teigplatte zusammenklappen. Mit dem restlichen Eigelb bestreichen und mit Sesam oder Mohn bestreuen.

6 Teigplatte quer in 20 Streifen schneiden; das geht am besten mit Hilfe eines Lineals.

7 Zwei Backbleche mit Backtrennpapier auslegen und die Streifen darauflegen.

8 Das erste Blech in den Ofen schieben, auf 200 Grad/Gas Stufe 3 schalten und 15 Minuten backen. Das zweite Blech nur zehn Minuten backen.

Für 20 Stück (pro Stück ca. 90 Kalorien/377 Joule)

KÄSE, FRISCH GERIEBEN: Alle Käsesorten halten ihr Aroma besser, wenn sie nicht fertig gerieben gekauft und aufbewahrt werden. Immer nur die Menge frisch vom Stück reiben, die gerade gebraucht wird.

Gemischte Vorspeisen

Foto Seite 66

In 1 Stunde fertig

Evtl. Apfelausstecher

Läßt sich gut vorbereiten und bis zu drei Stunden im Kühlschrank aufbewahren.

1 Honigmelone, 12 Scheiben Parmaschinken, 8 eingelegte Weinblätter aus der Dose, 250 g Schafkäse, 8 schwarze Oliven, 1 Packung Datteln (250 g), 10 dünne Scheiben Rauchfleisch, 1 großer Apfel, 1 Zitrone, 8 Scheiben Salami, 1 grüne Paprikaschote, 150 g Käse (z. B. Gouda oder Danbo), 30 g Butter oder Margarine, 1 Ei, Salz, Edelsüß-Paprika, 2 Radieschen, 150 g Blauschimmelkäse, 1/2 Becher stichfeste saure Sahne (100 g), 2 Birnen, 1 Zweig glatte Petersilie.

1 Melone halbieren. Die Kerne mit einem Löffel herauskratzen. Melonenhälften in jeweils sechs Spalten schneiden. Jede mit einer Scheibe Parmaschinken belegen.

2 Weinblätter unter kaltem Wasser abspülen und mit Küchenkrepp trockentupfen. Schafkäse in acht Stücke zerteilen. Auf jedes Weinblatt ein Stück Schafkäse und eine Olive legen. Blätter zu Päckchen aufrollen.

3 Datteln mit einem spitzen Küchenmesser längs aufschlitzen und den Kern entfernen. Jede Dattel mit einer halben Scheibe Rauchfleisch füllen.

4 Apfel achteln und entkernen. Apfelspalten mit dem Saft einer halben Zitrone beträufeln. Jede Apfelspalte in der Mitte quer einschneiden und in den Einschnitt eine Salamischeibe stecken.

5 Paprikaschote vierteln und putzen (→S. 86). Paprikaviertel quer in zwei bis drei Stücke schneiden. Käse reiben. Mit weichem Fett und Ei cremig verrühren. Mit wenig Salz und Paprikapulver abschmecken. Käsecreme auf die Paprikastücke verteilen und jedes mit einer Radieschenscheibe garnieren.

6 Blauschimmelkäse mit saurer Sahne verrühren. Jede Birne quer in sechs Scheiben schneiden und mit restlichem Zitronensaft beträufeln. Kerngehäuse mit einem Apfelausstecher oder einem spitzen Messer herausschneiden. Jede Birnenscheibe mit zwei Teelöffel Käsecreme belegen und mit einem Petersilienblättchen garnieren.

7 Alle Vorspeisen auf einer großen Platte anrichten.

Für 8 Portionen (pro Portion ca. 620 Kalorien/2595 Joule)
Dazu passen verschiedene Brotsorten

OLIVEN haben je nach Reifegrad Farbschattierungen von Zartgrün über Hellviolett bis Tiefschwarz. Von den verschiedenen Eßoliven, die überall im Mittelmeergebiet geerntet werden, sind die hellgrünen spanischen bei uns wegen ihres nußähnlichen Aromas am beliebtesten. Sie werden meistens gefüllt mit eingelegten Paprikastreifen angeboten. Violette und schwarze Oliven kommen hauptsächlich aus Griechenland, und die länglichen kräftig-grünen sind eine Spezialität aus Südfrankreich.

Schnelle Bohnensuppe

(Foto Seite 66)

In 10 Minuten fertig

1 Knoblauchwurst (Kabanossi; 150 g), 2 Zwiebeln, 1 Eßl. Öl, 1 Knoblauchzehe, 1 Dose weiße Bohnen (Einwaage 580 g), 1 Dose rote Bohnen (Einwaage 250 g), 3/4 l Brühe (Instant), 1–2 Eßl. Paprika- oder Tomatenmark, 1 Messerspitze Cayennepfeffer, eventuell Salz, 1 Bund Petersilie.

1 Wurst in dünne Scheiben schneiden.

2 Zwiebeln abziehen und in Ringe schneiden (→S. 19). Zwiebelringe in heißem Öl glasig dünsten, herausnehmen.

3 Wurstscheiben und zerdrückten Knoblauch (→S. 32) im Bratfett bei kleiner Hitze zwei Minuten dünsten.

4 Beide Bohnensorten mit ihrer Flüssigkeit, Brühe und Paprikamark zugeben. Mit Cayennepfeffer würzen. Zum Kochen bringen und im geschlossenen Topf fünf Minuten kochen.

5 Suppe eventuell mit Salz und Cayennepfeffer nochmals abschmecken. Zum Essen gehackte Petersilie und Zwiebelringe unterrühren.

Für 4 Portionen (pro Portion ca. 520 Kalorien/2177 Joule)

Doppeltes Rezept im 6-Liter-Topf zubereiten

Statt der roten Bohnen Linsen, Gemüsemais oder geschälte Tomaten aus der Dose verwenden.
Als Einlage schmekken auch: Mettwurst oder Corned beef, in Streifen geschnitten; Fleisch- oder Markklößchen (fertig gekauft). Einlagen nicht mitkochen, nur kurz in der Suppe erwärmen.

Zwiebelsuppe

500 g Zwiebeln (evtl. milde Gemüsezwiebeln), 75 g Butter oder Margarine, 1 l Brühe (Instant), Salz, frisch gemahlener Pfeffer, evtl. 2 cl trockener Sherry oder weißer Wermut, 4 Scheiben Toastbrot, 50 g Emmentaler Käse.

1 Kleine Zwiebeln mit kochendem Wasser übergießen und kurz abkühlen lassen. So kann man die Schalen ganz leicht abziehen. Die Zwiebeln längs halbieren, mit der Schnittfläche auf ein Brett legen und in dünne Scheiben schneiden (Gemüsezwiebeln würfeln).

2 Fett in einem weiten Topf erhitzen und die Zwiebeln darin unter Wenden glasig dünsten.

3 Brühe zugießen und alles im geschlossenen Topf 45 Minuten kochen. Mit Salz und Pfeffer nachwürzen, evtl. mit Sherry oder Wermut abschmecken.

4 Suppe auf vier Suppentassen verteilen. Brot toasten und darauflegen. Geriebenen Käse auf die Brotscheiben streuen.

5 Die Tassen unter dem Grill oder im (ausnahmsweise) vorgeheizten Backofen bei 250 Grad/Gas Stufe 5 hellbraun überbacken.

Für 4 Portionen (pro Portion ca. 320 Kalorien/1340 Joule)

In 1 Stunde 25 Minuten fertig (reine Arbeitszeit 40 Minuten)

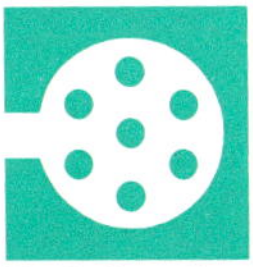

Backofen oder Grill

Im Backofen können jeweils bis zu zehn Tassen auf einmal überbacken werden. Suppe läßt sich gut am Vortag kochen.

Das Rezept läßt sich auch gut mit 750 Gramm Porree anstelle der Zwiebeln zubereiten; dann verkürzt sich die Kochzeit auf 15 Minuten.

Wenn in den Rezeptzutaten INSTANT-BRÜHE angegeben ist, ist es Geschmackssache, ob man Geflügel-, Fleisch- oder Gemüsebrühe nimmt. Genauso gut wie Instant-Pulver aus dem Glas sind Brühwürfel oder -pasten geeignet. Da Fleischbrühen kräftiger sind, muß bei der Verwendung von Gemüsebrühe eventuell etwas nachgewürzt werden.

Tomatencreme-Suppe

In 20 Minuten fertig

4faches Rezept im 10-Liter-Topf kochen

Statt 300 Gramm Erbsen dieselbe Menge gekochte Kartoffeln, TK-Gemüsemischung, gegartes Hähnchenfleisch oder TK-Fleischklöße nehmen.

1 Zwiebel, 1 Knoblauchzehe, 3 Eßl. Öl, 2 Pakete passierte Tomaten (à 500 g), 1 Paket TK-Erbsen (300 g), Salz, frisch gemahlener Pfeffer, evtl. 2 Eßl. Sherry, 1 Becher Crème fraîche (150 g).

1 Zwiebelwürfel (→S. 61) und zerdrückten Knoblauch (→S. 32) unter ständigem Rühren in heißem Öl andünsten, bis die Zwiebeln glasig sind.

2 Passierte Tomaten und Erbsen zugeben und fünf Minuten bei kleiner Hitze im geschlossenen Topf kochen. Die Suppe mit Salz, Pfeffer und Sherry abschmecken.

3 Jede Portion mit einem Löffel Crème fraîche servieren.

Für 4 Portionen (pro Portion ca. 320 Kalorien/1340 Joule)

PASSIERTE TOMATEN in der Kartonverpackung ersetzen zu jeder Jahreszeit frische Tomaten. Es gibt sie in jedem Supermarkt mit und ohne feste Stücke, gewürzt und ungewürzt.

Schnelle Pizza

Foto Seite 67

In 1 Stunde fertig (reine Arbeitszeit 15 Minuten)

Backofen

Zwei Pizzen passen auf ein Backblech.

1 Paket TK-Blattspinat (300 g), 2 Eier, 30 g Butter oder Margarine, 1 Knoblauchzehe, 1 rundes Fladenbrot (ersatzweise 4 Scheiben Bauernbrot), 2 Zwiebeln, 2 Tomaten, 100 g Schafkäse, 10 schwarze Oliven, 2 Eßl. Olivenöl, Salz, frisch gemahlener Pfeffer.

1 Spinatblock auf einem Sieb vollständig auftauen und abtropfen lassen.

2 Eier in zehn Minuten hart kochen (→S. 44), schälen und in Scheiben schneiden.

3 Butter mit zerdrücktem Knoblauch (→S. 32) verrühren.

4 Fladenbrot mit einem großen Messer aufschneiden. Oder jeweils zwei Scheiben Brot mit den geraden Kanten gegeneinanderlegen.

5 Brotflächen mit Knoblauchbutter bestreichen.

6 Zwiebeln abziehen und in Ringe schneiden (→S. 19).

7 Tomaten waschen und in Achtel schneiden.

8 Schafkäse in Streifen schneiden oder zerbröckeln.

9 Brot mit Spinat belegen. Zwiebelringe, Tomaten, Oliven und Schafkäse darauf verteilen.

10 Mit Öl beträufeln und mit Salz und Pfeffer kräftig würzen.

11 Brot in den Backofen schieben, auf 225 Grad/Gas Stufe 4 schalten und etwa 25 Minuten backen.

Für 2 Portionen (pro Portion ca. 860 Kalorien/3600 Joule)

Vollkorn-Eierkuchen

Frühestens in 2 Stunden fertig (reine Arbeitszeit 40 Minuten)

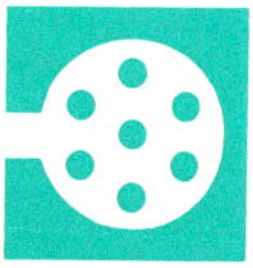

Handrührer, beschichtete Pfanne mit Deckel

Pfannkuchen lassen sich bei 50 Grad im Backofen warm halten. Am besten jedoch die Eierkuchen nach und nach, eventuell in zwei Pfannen, backen und jeweils sofort servieren.

2 Eier, 150 g feines Weizenvollkornmehl, 1/2 l Milch, 1/2 gestrichener Teelöffel Salz, Butterschmalz oder Öl (zum Braten).

1 Eier trennen (→S. 116). Mehl mit Milch, Eigelb und Salz verquirlen. Den Teig mindestens eine Stunde, besser mehrere Stunden oder über Nacht bei Zimmertemperatur quellen lassen. Je länger der Teig steht, desto mürber werden die Pfannkuchen.

2 Das Eiweiß zu steifem Schnee schlagen (→S. 116) und unter den flüssigen Teig ziehen.

3 Vier große oder 16 kleine Eierpfannkuchen in einer beschichteten Pfanne von beiden Seiten hellbraun braten. Dafür so viel Fett erhitzen, daß die Pfanne von einer dünnen Schicht bedeckt ist. Ein bis zwei Kellen Teig für einen großen Eierkuchen (und jeweils zwei bis drei Eßlöffel für kleine) in die Pfanne geben. Deckel auflegen und bei mittlerer Hitze backen, bis die Oberfläche des Eierkuchens gestockt ist und die Ränder hell gebräunt sind. Eierkuchen auf einen großen flachen Teller oder Deckel gleiten lassen. Umgedreht wieder in die Pfanne geben und in der offenen Pfanne weitere drei bis vier Minuten braten, bis die zweite Seite gleichmäßig hellbraun ist. (Kleine Pfannkuchen mit dem Bratenwender umdrehen.)

Für 6 Portionen (pro Portion ca. 400 Kalorien/1674 Joule)

Dazu passen: Crème fraîche und Sirup oder Honig, Apfelmus oder Kirschkompott

Für herzhafte Eierkuchen einen Teelöffel getrockneten Thymian im Teig mitquellen lassen. Teig in die Pfanne geben und mit Salamischeiben belegen, wenden, mit Petersilie anrichten.
Oder einen Eßlöffel frisch geriebenen Parmesankäse in den Teig rühren.
Oder Schinkenwürfel mit Zwiebelwürfeln portionsweise in der Pfanne andünsten und den Teig darübergießen.
Für süße Eierkuchen den Teig vor dem Quellen mit Zimt, Vanillinzucker oder gemahlenem Anis würzen. Den Teig in der Pfanne mit Apfelspalten, abgetropften Kirschen aus dem Glas oder Blaubeeren belegen, wenden.
Oder die fertigen Pfannkuchen mit Orangenmarmelade bestreichen und aufeinanderstapeln. Den Stapel in Tortenstücke schneiden und mit Crème fraîche servieren. Schmeckt heiß oder lauwarm.

Zucchinifladen mit Erdnüssen

In 1 Stunde 15 Minuten fertig (reine Arbeitszeit 15 Minuten)

Backofen, Backblech

Zwei Fladen passen auf ein Backblech.

1 Paket TK-Blätterteig (300 g), 1 Paket Doppelrahm-Frischkäse (200 g), 1 Zucchini (etwa 175 g), frisch gemahlener Pfeffer, 1 Eßl. Öl, 40 g gesalzene Erdnußkerne.

1 Blätterteig auftauen lassen. Scheiben aufeinanderlegen und ausrollen (→S. 102). Dabei soll ein ovaler Fladen von etwa 40 cm Länge entstehen. Unregelmäßige Ränder werden später eingeschlagen. Teig auf ein Backblech legen.

2 Zwei Drittel vom weichen Frischkäse (Zimmertemperatur) auf dem Fladen verstreichen und dabei einen etwa 5 cm breiten Rand freilassen.

3 Zucchini waschen, Stiel und Blüte entfernen und das Gemüse in dünne Scheiben schneiden. Schuppenförmig auf den Fladen legen.Pfeffern. Restlichen Frischkäse in kleinen Stücken darüber verteilen.

4 Das Öl gleichmäßig auf den Fladen träufeln und Erdnußkerne darüberstreuen. Die Teigränder locker nach innen einschlagen.

5 Blech in den Backofen schieben, auf 225 Grad/Gas Stufe 4 schalten und den Zucchinifladen in etwa 35 Minuten hellbraun backen.

Für 4 Portionen (pro Portion ca. 590 Kalorien/2470 Joule)
Dazu paßt Tomatensalat (→S. 46)

Croques – überbackene Brote

In 20 Minuten fertig

Backofen

Je nach Größe der Brote gehen sechs bis acht Stück auf einmal aufs Blech.

1 kleines Baguette oder ein Portionsstück vom Stangenweißbrot (100 bis 125 g), 2 Eßl. Öl oder 20 g Butter, 50 g gekochter Schinken (Salami oder Kasseler Aufschnitt), 50 g Emmentaler- oder Goudakäse, 1 Fleischtomate, einige Basilikum- oder Petersilienblätter.

1 Brot waagerecht durchschneiden. Die Schnittflächen mit Öl beträufeln oder mit Butter bestreichen.

2 Die untere Brothälfte abwechselnd schuppenförmig mit Schinken, Käse, Tomatenscheiben und abgezupften Kräuterblättchen belegen.

3 Mit der oberen Brothälfte bedecken, aufs Blech legen und in den ausnahmsweise auf 225 Grad/Gas Stufe 4 vorgeheizten Backofen schieben. Etwa 10 Minuten überbacken, bis das Brot knusprig und der Käse zerlaufen ist.

Für 1 Portion (ca. 830 Kalorien/3474 Joule)

Alles, was MIT KÄSE ÜBERBACKEN wird, nur sparsam salzen. Oft reicht das Salz im Käse selbst für die richtige Würze schon aus. Geeignet zum Überbacken sind fast alle festen und halbfesten Käsesorten. Junge, wenig gereifte Käse sind meistens billiger und schmelzen besonders gut.

Schinkenbrot italienisch

In 10 Minuten fertig

Schmeckt frisch zubereitet am besten.

2 Scheiben Vollkornbrot, 40 g Butter oder Margarine, 2 Scheiben gekochter Schinken, 1 kleine Tomate, 1/2 Paprikschote, etwa 1/2 Teel. Oregano (getrocknet oder frisch), Salz, frisch gemahlener Pfeffer, 1 Mozzarellakäse (150 g).

1 Brotscheiben mit Fett bestreichen und mit den Schinkenscheiben belegen.

2 Tomate und Paprika waschen und putzen (→S. 86). Tomate in Scheiben, Paprika in dünne Streifen schneiden und aufs Brot legen.

3 Mit Oregano, Salz und Pfeffer bestreuen.

4 Mozzarellakäse abtropfen lassen, in Scheiben schneiden und die Brote damit belegen.

Für 2 Portionen (pro Portion ca. 570 Kalorien/2386 Joule)

MOZZARELLAKÄSE wurde ursprünglich nur aus Büffelmilch hergestellt. Wegen der großen Nachfrage nimmt man heute überwiegend Kuhmilch oder eine Mischung aus beidem. Der Käse wird meistens in etwa eigroßen Kugeln verkauft. Sie haben keine Rinde, sind elastisch und bleiben feucht, weil sie in einer Salzlake aufbewahrt werden. An gut sortierten Käsetheken kann man Mozzarella lose kaufen, sonst wird er mit Lake in Plastiktütchen verpackt angeboten.

Gefüllte Gurke

In 45 Minuten fertig (reine Arbeitszeit 15 Minuten)

Die Gurken sollten nicht länger als drei Stunden vor dem Essen zubereitet werden.

Die Käsemischung schmeckt auch sehr gut mit Selleriestangen, Möhrenstücken oder frischem Kohlrabi als Dip. Dafür die Käsemischung mit etwas Milch verrühren.

1 große Salatgurke, 1 Paket Doppelrahmfrischkäse (200 g), 1 Eßl. Sonnenblumen- oder Kürbiskerne, Salz, frisch gemahlener Pfeffer, 1/2 Teel. Rosenpaprika, 2 Bund glatte Petersilie.

1 Gurke schälen. Der Länge nach halbieren und mit einem Löffel die Kerne herausschaben. Gurkenhälften auf Küchenkrepp abtropfen lassen.

2 Frischkäse mit grobgehackten Kernen vermischen. Das geht am besten, wenn der Käse Zimmertemperatur hat.

3 Die Käsemischung mit Salz, Pfeffer und Paprika kräftig abschmecken und gleichmäßig auf die eine Gurkenhälfte häufen. Die zweite Hälfte daraufsetzen und festdrücken.

4 Gurke in Klarsichtfolie wickeln und 30 Minuten in den Kühlschrank legen.

5 Petersilienblättchen von den Stielen zupfen und einen Teller damit auslegen. Gefüllte Gurke in daumendicke Scheiben schneiden und darauf anrichten.

Für 6 Portionen (pro Portion ca. 140 Kalorien/586 Joule)
Dazu paßt Brot

Gefüllte Avocado

Foto Seite 65

In 15 Minuten fertig

Möglichst frisch zubereiten

Statt Champignons Krabbenfleisch oder einen fertigen Salat (z. B. Krabben- oder Waldorfsalat) in die Avocado füllen.

1 Zitrone, 75 g Champignons, 1 Becher Joghurt (10 %), Salz, frisch gemahlener Pfeffer, 1 Eßl. Tomatenketchup, 1 reife Avocado, 1 Stiel Dill.

1 Von der Zitrone zwei dünne Scheiben abschneiden. Restliche Zitrone auspressen.

2 Champignons putzen und waschen (→S. 14).

3 Pilze in dünne Scheiben schneiden und mit einem Eßlöffel Zitronensaft beträufeln.

4 Joghurt mit Salz und Pfeffer verrühren. Ketchup unterziehen, dabei nur leicht verrühren, damit noch rote Schlieren zu sehen sind.

5 Avocado längs halbieren und entkernen. Die Schnittflächen mit Zitronensaft beträufeln.

6 Champignonscheiben auf den Avocadohälften anrichten.

7 Soße darübergießen und mit Zitronenscheiben und Dill garnieren.

Für 2 Portionen (pro Portion ca. 370 Kalorien/1549 Joule)

AVOCADOS im Kühlschrank immer im Gemüsefach aufbewahren; bei Temperaturen unter fünf Grad leidet der Geschmack. Zu harte Früchte reifen bei Zimmertemperatur nach. Avocadoschnittflächen sofort mit etwas Zitronensaft beträufeln, damit sie sich nicht braun verfärben.

Dip-Gemüse

In etwa 20 Minuten fertig

Große Mengen über Nacht im verschlossenen Plastikbeutel im Kühlschrank aufheben.

500 g Möhren, 1 Staudensellerie, 2 Paprikaschoten, 1 Salatgurke.

1 Möhren putzen (→S. 82), längs halbieren oder vierteln.

2 Vom Staudensellerie den Stielansatz abschneiden. Die einzelnen Stangen voneinander lösen und unter fließendem Wasser abspülen. Mit Küchenkrepp trockentupfen. Unansehnliche Teile der Stangen abschneiden.

3 Paprikaschoten putzen, waschen (→S. 86) und in schmale Streifen schneiden.

4 Salatgurke schälen und in fingerlange Stücke schneiden. Die Stücke längs vierteln oder achteln.

5 Das Gemüse auf einer Platte anrichten und mit den verschiedenen Dips (→S. 29/30/31) servieren.

Für 4 Portionen (pro Portion ca. 90 Kalorien/377 Joule)

Gorgonzola-Dip

In 10 Minuten fertig

Evtl. Blitzhacker

Hält sich ohne Radieschen und Kresse zwei Tage im Kühlschrank.

150 g Gorgonzolakäse (italienischer Blauschimmelkäse), 1 Becher stichfeste saure Sahne (150 g), 1/2 Bund Radieschen, 1/2 Kästchen Kresse, Salz.

1 Gorgonzola mit einer Gabel zerdrücken. Saure Sahne zugeben und unterrühren.

2 Radieschen waschen, putzen (→S. 64) und mit einem Messer oder im Blitzhacker fein hacken.

3 Kresse und Radieschen zum Käse geben, verrühren und eventuell mit Salz abschmecken.

Für 4 Portionen (pro Portion ca. 190 Kalorien/795 Joule)
Paßt zu rohem Gemüse (→S. 28) und Pellkartoffeln

SAURE SAHNE enthält zehn Prozent Fett und ist besonders geeignet zum Verfeinern von kalten Soßen und Suppen. Auch für gebundene Soßen und dicke Eintöpfe kann man die säuerliche Sahnesorte gut verwenden. Weil sie in heißem Fett gerinnt, ist sie ungeeignet für Soßen von kurzgebratenem Fleisch und Fisch. Dafür lieber Schlagsahne, Crème fraîche oder Crème double nehmen.

Kräuter-Dip mit Frischkäse

In 10 Minuten fertig

1 Paket Doppelrahmfrischkäse (200 g), 1 Becher Joghurt (3,5 %), 1/2 Kästchen Kresse, 1 Bund Schnittlauch, 1/2 Zitrone, Salz, frisch gemahlener Pfeffer, Tabasco.

1 Frischkäse mit Joghurt, Kresse und Schnittlauchröllchen verrühren. Den Dip mit Zitronensaft, Salz, Pfeffer und wenig Tabasco abschmecken.

Für 4 Portionen (pro Portion ca. 200 Kalorien/837 Joule)
Paßt zu rohem Gemüse (→S. 28) und Pellkartoffeln

Scharfe Knoblauch-Mayonnaise

In 10 Minuten fertig

Hält sich gut verschlossen zwei Tage im Kühlschrank. Reste eignen sich als Brotaufstrich.

250 g Mayonnaise (Fertigprodukt oder Rezept →S. 41), 1 Becher stichfeste saure Sahne (150 g), 3–6 Knoblauchzehen, 1 Messerspitze Sambal Oelek, Salz.

1 Mayonnaise, Sahne, zerdrückte Knoblauchzehen (→S. 32) und Sambal Oelek verrühren und mit Salz abschmecken.

Für 4 Portionen (pro Portion ca. 500 Kalorien/2093 Joule)
Paßt zu rohem Gemüse (→ S. 28) und gekochten Eiern

Chilischoten sind die Grundlage für viele SCHARFE GEWÜRZZUBEREITUNGEN wie zum Beispiel das mexikanische Tabasco und das indonesische Sambal Oelek. Beim Abschmecken mit scharfen Gewürzen lieber mit kleinen Mengen beginnen und mehrmals probieren.

Kräuterquark

In 10 Minuten fertig

Schmeckt frisch zubereitet am besten.

Wenn's besonders schnell gehen soll, statt frischer Kräuter ein Päckchen TK-Kräuter nehmen.

1 kleine Zwiebel, je 1 Bund Schnittlauch und Petersilie, 1 Kästchen Kresse, 8 Eßl. Schlagsahne oder Milch, 250 g Quark (40 %), Salz, frisch gemahlener Pfeffer, 1 Prise Zucker.

1 Zwiebel abziehen und würfeln (→S. 61).

2 Zwiebelwürfel, Kräuter, Sahne und Quark verrühren und mit Salz, Pfeffer und Zucker abschmecken.

Für 4 Portionen (pro Portion ca. 170 Kalorien/712 Joule)
Paßt zu Brot, Pellkartoffeln und rohem Gemüse (→S. 28)

KRESSE wird in Plastik- oder Pappschächtelchen angeboten. Von diesen kleinen „Beeten" schneidet man mit einer Schere immer nur so viel ab, wie man gerade braucht. Der Rest hält sich bis zu einer Woche frisch, wenn man ihn ab und zu etwas anfeuchtet. Übrigens: Der würzig-scharfe Geschmack der Kresse stammt vom Senföl, das außerdem eine antibiotische Wirkung hat, also die Abwehrkräfte stärkt.

Tsatsiki – griechischer Gurkenjoghurt

In 15 Minuten fertig

Läßt sich gut verschlossen über Nacht im Kühlschrank aufheben. Schmeckt am besten mit jungen Knoblauchzehen, die noch keinen grünen „Kern“ haben.

1 Salatgurke, 3–6 Knoblauchzehen, 2 Becher Joghurt (10 %), 200 g Quark (20 %), Salz, 50 g schwarze Oliven, 2–3 grüne eingelegte Peperoni.

1 Gurke schälen, der Länge nach halbieren, entkernen (→S. 26) und in kleine Würfel schneiden.

2 Wurzelansatz der Knoblauchzehen abschneiden, Haut der Länge nach einritzen und abziehen. In der Knoblauchpresse oder mit der flachen Messerklinge zerdrücken.

3 Joghurt mit Quark, Knoblauch und Gurkenwürfeln mischen, salzen. Mit Oliven und Peperoni garnieren.

Für 4 Portionen (pro Portion ca. 220 Kalorien/921 Joule)
Dazu passen Weiß- oder Mischbrot

Zum Würzen mit KNOBLAUCH ist es am einfachsten, die geschälten Zehen der Knolle durch eine Knoblauchpresse über den Speisen oder dem Bratfett auszudrükken. Intensiver wird der Geschmack, wenn man die Zehen mit einem Messer ganz fein hackt. Wenn es, z. B. bei einem Salat, nur ein Hauch von Aroma sein soll, einfach die Schüssel mit einer angeschnittenen Zehe ausreiben. Bitter und zu scharf wird Knoblauch, wenn er in zu heißem Fett erhitzt wird. Darum nie Knoblauch als erste Zutat beim Braten in die heiße Pfanne geben.

Tomaten-Frischkäse

In 10 Minuten fertig

½ Bund Schnittlauch, 1 Paket Doppelrahmfrischkäse (62,5 g), 3 Teel. Tomatenmark, 1 Eßl. Milch (oder Schlagsahne), Salz, 1 Prise Zucker, Edelsüß-Paprika.

1 Schnittlauch mit einer Schere oder einem Küchenmesser in Röllchen schneiden.

2 Frischkäse mit Tomatenmark, Schnittlauchröllchen und Milch verrühren und mit Salz, Zucker und Edelsüß-Paprika abschmecken.

Für 3 Portionen (pro Portion ca. 80 Kalorien/335 Joule)
Paßt als Aufstrich zu verschiedenen Brotsorten, zu Kurzgebratenem oder geschmortem Gemüse

Eingelegter Käse

Foto Seite 66

In 10 Minuten fertig

Das zurückbleibende Öl nach und nach für Salatsoßen verwenden.

400 g Käse im Stück (z. B. junger Gouda, Edamer, Tilsiter), 1 Zweig Rosmarin, 2 Lorbeerblätter, 1 Eßl. Pfefferkörner, etwa ½ l Olivenöl.

1 Käse in mundgerechte Würfel schneiden.

2 Rosmarin etwas zerpflücken.

3 Käse, Rosmarin, Lorbeer und Pfefferkörner in ein Glas oder eine hohe Schüssel schichten. So viel Öl zugießen, daß der Käse bedeckt ist.

4 Gefäß mit einem Deckel oderKlarsichtfolie verschließen und in den Kühlschrank stellen. Mindestens drei Tage ziehen lassen. Der Käse hält sich im Kühlschrank etwa drei Wochen.

Für 8 Portionen (pro Portion ca. 240 Kalorien/1005 Joule)
Dazu paßt Bauernbrot

Mozzarella mit Tomaten und Basilikum

In 10 Minuten fertig

Frisch zubereiten

Statt 300 Gramm Mozzarellakäse die gleiche Menge Schaf- oder Schichtkäse nehmen.

2 Mozzarellakäse à 150 g, 3 Fleischtomaten, Salz, frisch gemahlener Pfeffer, 4 Eßl. kaltgepreßtes Olivenöl, 1 Bund Basilikum.

1 Mozzarella abtropfen lassen.

2 Tomaten und Mozzarella in Scheiben schneiden und abwechselnd schuppenförmig auf einer Platte anrichten.

3 Salzen, pfeffern und mit Öl beträufeln. Basilikumblätter über Tomaten und Käse streuen.

Für 4 Portionen (pro Portion ca. 340 Kalorien/1423 Joule)
Dazu paßt Baguette

KRÄUTER am besten gleich nach dem Einkaufen waschen, dann sind sie bis zum Verwenden wieder trokken. In ein Glas mit Wasser stellen, damit sie frisch bleiben. Wenn sie gleich verarbeitet werden sollen, zwischen zwei Lagen Küchenkrepp trockentupfen. Die meisten Kräuter können unter einem nicht zu hartem Wasserstrahl abgespült werden, sehr empfindliche (Basilikum) sollten lieber im Wasserbecken geschwenkt werden. Vor der Zubereitung je nach Rezept hacken, kleinschneiden oder zerzupfen.

Knoblauchbutter

In 10 Minuten fertig

Gleich größere Mengen Knoblauchbutter zubereiten, Rolle oder Block formen, in Alufolie wickeln, ganz oder portionsweise einfrieren. Hält sich etwa 3 Monate.

125 g Butter, 3 Knoblauchzehen, 1/2 Zitrone, Salz.

1 Weiche Butter mit zerdrücktem Knoblauch (→S. 32) und einem Teelöffel Zitronensaft verrühren. Knoblauchbutter mit wenig Salz abschmecken.

Für 6 Portionen (pro Portion ca. 160 Kalorien/670 Joule)
Paßt als Aufstrich zu verschiedenen Brotsorten oder zu Kurzgebratenem

Orangenbutter

In 10 Minuten fertig

Größere Mengen auf Vorrat einfrieren.

1 unbehandelte Orange, 2 Teel. Orangenmarmelade, 125 g Butter.

1 Orange mit heißem Wasser abwaschen und abtrocknen. Mit einer feinen Reibe die würzige gelbe Schale sehr dünn abreiben; die weiße Haut ist bitter. Schale aus der Reibe klopfen oder kratzen.

2 Orangenschale mit der Marmelade und der weichen Butter verrühren.

Für 6 Portionen (pro Portion ca. 170 Kalorien/712 Joule)
Paßt als Aufstrich zu verschiedenen Brotsorten oder zerlassen zu Milchreis (→S. 121) oder Crèpes

Avocado-Brote

In 10 Minuten fertig

Schmeckt frisch zubereitet am besten.

2 Scheiben Vollkornbrot, 1 Paket Doppelrahmfrischkäse (62,5 g), 2 Stiele Petersilie, 1 Avocado, $\frac{1}{2}$ Zitrone, $\frac{1}{2}$ Bund Radieschen, Salz, frisch gemahlener Pfeffer.

1 Brotschnitten mit Frischkäse bestreichen. Petersilienblätter auf die Brote verteilen.

2 Avocado der Länge nach durchschneiden, die Hälften gegeneinanderdrehen und so vom Kern lösen. Avocadohälften schälen; bei sehr reifen Früchten läßt sich die Schale auch einfach abziehen.

3 Avocadohälften in Spalten schneiden und mit etwas Zitronensaft beträufeln, damit sie nicht braun werden.

4 Radieschenscheiben und Avocadospalten auf die Brote legen. Salzen und pfeffern.

Für 2 Portionen (pro Portion ca. 460 Kalorien/1926 Joule)

Mettwurst-Bananen-Brot

In 5 Minuten fertig

Für viele Brote Bananen mit etwas Zitronensaft beträufeln, damit sie sich nicht verfärben. Alles bis zum Servieren mit Klarsichtfolie abdecken.

Wer einen Grill hat, kann das Brot überbacken, bis der Käse anfängt zu schmelzen.

1 Scheibe Vollkornbrot, 20 g Butter oder Margarine, 1 Scheibe Mettwurst (oder Salami), 1 kleine Banane, Curry, 1 Scheibe mittelalter Goudakäse.

1 Brot mit Fett bestreichen und mit der Mettwurst belegen.

2 Bananenscheiben auf die Wurst geben und mit Curry bestreuen.

3 Käsescheibe darüberlegen.

Für 1 Portion (ca. 550 Kalorien/2302 Joule)

Bei BANANEN auf Sonderangebote achten, denn billige sind genauso gut wie die teuersten, nur manchmal etwas reifer. Es ist nämlich ganz gleich, welches Markenetikett die Früchte tragen: In der Schale steckt immer nur die gleiche „Cavendish". Sie ist die einzige transportfähige Sorte, die von einer Pflanzenkrankheit verschont blieb, der vor Jahren alle anderen zum Opfer fielen.

Trauben-Cocktail

Foto Seite 76

Begrüßungs-Cocktail für Gäste

Schmeckt auch alkoholfrei – statt Sekt Tonic Water oder Mineralwasser verwenden.

1 blaue Weintraube (250 g), 1 Eiweiß, 2 Eßl. Zucker, $^1/_4$ l Traubensaft, 1 Flasche trockener Sekt (0,7 l).

1 Weintraube in vier Portionen teilen. Waschen, trockentupfen und die Beeren mit Eiweiß bestreichen.

2 Weintrauben in Zucker wälzen, bis sie eine Kruste haben.

3 Traubensaft in vier Gläser gießen.

4 Mit gut gekühltem Sekt auffüllen, mit Zuckertrauben garnieren und sofort servieren.

Für 4 Portionen (pro Portion ca. 280 Kalorien/1172 Joule)

Beim Einkauf von FRUCHTSAFT auf das Etikett achten: Nur wenn das Wort „Saft" oder „Fruchtsaft" draufsteht, ist auch wirklich reiner unverdünnter Fruchtsaft in der Flasche. „Nektar" dagegen, obwohl der Name so hochwertig klingt, darf bis zu 75 Prozent Wasser und Zucker enthalten. „Fruchtsaft-Getränke" müssen nur mindestens sechs Prozent Fruchtsaft enthalten. Der Rest kann aus Wasser, Essenzen, Zucker und eventuell Kohlensäure bestehen.

Salate

Sie sind knackig, sättigend, reich an Vitaminen und Ballaststoffen. Salate eignen sich als kleine Zwischenmahlzeit oder – mit Brot – als Hauptgericht. Fast alle Rezepte lassen sich beliebig vervielfachen; nur die Schüsselgrößen setzen der Menge Grenzen.

Joghurtsoße

Foto Seite 68

In 5 Minuten fertig

Hält sich im Kühlschrank zwei Tage

2 Becher Joghurt (3,5 %), 2 Eßl. Tomatenketchup, 2–3 Eßl. Orangensaft, Salz, Zucker, grob geschroteter Pfeffer.

1 Joghurt, Tomatenketchup und Orangensaft verrühren.

2 Die Soße mit Salz, Zucker und Pfeffer abschmecken.

Für 4 Portionen (pro Portion ca. 60 Kalorien/251 Joule)

Paßt zu Gemüsesalaten, Rohkost (→S. 55) und kräftigen Blattsalaten wie Eisberg- oder Endiviensalat

Wenn vom EISBERGSALAT Reste übrig sind: Halbe Köpfe oder schon geputzte Blätter bleiben in Klarsichtfolie verpackt im Kühlschrank noch bis zu einer Woche knackig frisch.

Mayonnaise

Foto Seite 68

In 15 Minuten fertig

Hohe Rührschüssel, Handrührer

Eigelb und Öl müssen beide Zimmertemperatur haben; ist eines kälter als das andere, gerinnt die Mayonnaise leicht.

1 Eigelb, etwa 1 Teel. Senf, 200 ccm Öl, Zucker, Salz, frisch gemahlener Pfeffer, 1/2 Zitrone.

1 Eigelb und Senf in eine hohe Rührschüssel geben. Öl genau abmessen. In sehr feinem Strahl ganz langsam unter ständigem Rühren mit den Quirlen des elektrischen Handrührers zufügen. Das sollte bei dieser Menge mindestens fünf Minuten dauern. Wird das Öl zu schnell zugegossen, kann es sich nicht mit dem Eigelb zu einer glatten Creme verbinden. Die Mayonnaise muß eine gleichmäßige, glänzende Beschaffenheit haben.

2 Mayonnaise mit einer Prise Zucker, Salz, Pfeffer und etwas Zitronensaft abschmecken.

Für 250 g Mayonnaise (das entspricht etwa einem kleinen Glas; ca. 1880 Kalorien/7870 Joule)

Gerichte, die mit MAYONNAISE zubereitet werden, verderben besonders in der warmen Jahreszeit sehr schnell. Oft kann man das am Geschmack nicht einmal merken. Deshalb Reste unmittelbar nach dem Essen gleich wieder in den Kühlschrank stellen. Im Zweifelsfall lieber wegwerfen.

Kräuter-Vinaigrette

Foto Seite 68

In 15 Minuten fertig

Bei großen Salatmengen die Vinaigrette am besten getrennt in einem Gefäß servieren, damit sich jeder selbst den Salat frisch anrichten kann.

Wer mag, mischt den Essig zusätzlich mit einer zerdrückten Knoblauchzehe.

Je 1 Bund Schnittlauch, Petersilie und Dill, 3 Eßl. Essig, Salz, frisch gemahlener Pfeffer, 1 gestrichener Teel. milder Senf, 6 Eßl. Öl.

1 Schnittlauch in Röllchen schneiden, Petersilie und Dill hacken.

2 Essig mit Salz, Pfeffer und Senf verrühren, bis sich das Salz gelöst hat.

3 Kräuter zugeben und Öl nach und nach mit einer Gabel oder einem kleinen Schneebesen unterschlagen, bis eine gleichmäßige Soße entstanden ist. Mit Salz und Pfeffer abschmecken.

Für 6 Portionen (pro Portion ca. 110 Kalorien/460 Joule)

VINAIGRETTE AUF VORRAT zubereiten, in ein Schraubdeckelglas geben und im Kühlschrank aufbewahren. Hält sich zwei bis drei Tage und muß vor dem Gebrauch noch einmal kräftig durchgeschüttelt werden, damit die Zutaten sich wieder verbinden.

Grüner Salat mit Gurke

In 15 Minuten fertig

Vinaigrette erst kurz vor den Servieren untermischen oder getrennt reichen.

Aus dem Salat wird eine Vorspeise, wenn man Schinken oder Räucherlachs in feinen Streifen oder Räucherfisch in kleinen Stücken damit anrichtet.

1 grüner Salat, 1 kleine Salatgurke, 1 Rezept Kräuter-Vinaigrette (→S. 42), 50 g Backerbsen (Fertigprodukt).

1 Salat putzen, waschen (→S. 50). Blätter aufeinanderlegen und in schmale Streifen schneiden.

2 Gurke schälen, entkernen (→S. 26) und fein würfeln.

3 Salatstreifen, Gurkenwürfel und Vinaigrette mischen und mit Backerbsen bestreut servieren.

Für 6 Portionen (pro Portion ca. 150 Kalorien/628 Joule)

BLATTSALATE nicht zu früh mit der Soße mischen, sonst fallen die zarten Blätter in sich zusammen, bevor die Gäste zugreifen können. Eventuell die Soße sogar getrennt servieren, so daß sich jeder selbst bedienen kann. Ohne Soße lassen sich Reste vom Salat auch bis zum nächsten Tag in Folie verpackt im Kühlschrank aufbewahren.

Eiersalat

In 30 Minuten fertig

Ist leicht verderblich, nicht zu lange im Warmen stehenlassen.

8 Eier, 2 Bund Radieschen, 200 g gekochter Schinken in Scheiben, 1 Bund Schnittlauch, 1 Knoblauchzehe, 125 g Mayonnaise, 4 Eßl. Sahne, Salz, frisch gemahlener Pfeffer.

1 Reichlich Wasser zum Kochen bringen. Eier an der stumpfen Seite anstechen, ins Wasser geben und je nach Größe in acht bis zehn Minuten hart kochen. Eier mit kaltem Wasser abspülen, damit sie nicht nachgaren, schälen.

2 Radieschen putzen (→S. 64) und vierteln oder achteln.

3 Schinkenscheiben übereinanderlegen, in Streifen schneiden und würfeln.

4 Schnittlauchröllchen und zerdrückten Knoblauch (→S. 32) mit Mayonnaise und Sahne verrühren, mit Salz und Pfeffer abschmecken.

5 Eier in Scheiben schneiden und mit den anderen Zutaten in die Soße geben, vorsichtig vermischen und nochmals abschmecken.

Für 4 Portionen (pro Portion ca. 510 Kalorien/2135 Joule)

Kartoffelsalat

Foto Seite 68

In 2 Stunden fertig (reine Arbeitszeit etwa 45 Minuten)

Kartoffelsalat nicht zu lange im Warmen stehenlassen; er verdirbt leicht.

Ohne Fleischwurst zubereitet paßt der Kartoffelsalat als Beilage zu Fisch, Frikadellen, Würstchen und Kurzgebratenem.

1,5 kg festkochende Kartoffeln, Salz, 3 Zwiebeln, 200 ccm Brühe (Instant), 3 Eßl. Essig, frisch gemahlener Pfeffer, 3 Gewürzgurken (etwa 150 g), 1 Bund Radieschen, 250 g Fleischwurst, 1 Grundrezept Mayonnaise (→S. 41).

1 Kartoffeln waschen und in der Schale in Salzwasser etwa 20 Minuten kochen. Schale abziehen (→S. 64). Kartoffeln in Scheiben schneiden.

2 Zwiebeln abziehen und in Würfel schneiden (→S. 61).

3 Brühe mit Zwiebelwürfeln, Essig, Salz und Pfeffer aufkochen. Heiß über die Kartoffelscheiben geben und 30 Minuten ziehen lassen.

4 Inzwischen Gurken in Würfel, Radieschen in Scheiben schneiden (→S. 64). Von der Fleischwurst die Haut abziehen und die Wurst in Scheiben schneiden.

5 Wurst, Radieschen, Gurken und Mayonnaise unter die Kartoffelscheiben heben.

6 Den Salat noch etwa eine Stunde bei Zimmertemperatur ziehen lassen. Vor dem Servieren mit Salz, Pfeffer und eventuell etwas Essig abschmecken.

Für 4 Portionen (pro Portion ca. 640 Kalorien/2679 Joule)

KARTOFFELN KOCHEN genauso wie alle anderen Gemüse am besten mit wenig Wasser. Den Kochtopf nur zwei Finger breit mit Wasser füllen. Der Dampf beim Kochen reicht zum Garen, wenn der Topfdeckel gut schließt. Außer Wasser spart man so etwa 15 Prozent Zeit und Energie.

Tomatensalat

1 kleine Zwiebel, 1 kg Fleischtomaten, 2 Eßl. Essig, 1 Teel. milder Senf, Salz, frisch gemahlener Pfeffer, 5 Eßl. Öl.

1 Zwiebel abziehen und fein würfeln. Stielansatz der Tomaten herausschneiden und die Tomaten in dünne Scheiben schneiden. Auf einer Platte schuppenförmig anrichten.

2 Für die Soße den Essig mit Senf, Salz und Pfeffer verrühren, bis das Salz sich gelöst hat. Mit einem Schneebesen das Öl löffelweise unterschlagen, bis die Soße cremig ist.

3 Zwiebelwürfel auf die Tomaten streuen und die Soße gleichmäßig darüber verteilen. Sofort servieren.

Für 5 Portionen (pro Portion ca. 150 Kalorien/628 Joule)

Dazu passen: Mozzarellakäse in Scheiben, Thunfisch, Stangenweißbrot

KNOBLAUCHPRESSE ZWECKENTFREMDEN: Mit einer Metallknoblauchpresse lassen sich auch Zwiebeln und frischer Ingwer ganz fein zerdrücken.

In 15 Minuten fertig

Sägemesser

Bei großen Mengen die Soße separat reichen, sonst weichen die Tomaten vom längeren Stehen durch.

Statt mit Zwiebelwürfeln schmeckt der Salat auch mit Schnittlauch, Basilikum, Dill oder einem Eßlöffel Kapern.

Nudelsalat

Frühestens in 1 Stunde 30 Minuten fertig (reine Arbeitszeit 30 Minuten)

Für große Mengen die Nudeln nach dem Kochen mit ein bis zwei Eßlöffel Öl verrühren. Alle Zutaten getrennt vorbereiten und erst eine Stunde vor dem Servieren mischen, sonst quellen die Nudeln noch zu stark nach.

100 g Nudeln (z. B. Zöpfe oder Hörnchen), Salz, 1 Eßl. Öl, 200 g Fleischwurst, 1/2 Glas Gewürzgurken (Einwaage 190 g), 4 Eßl. Mayonnaise, 2Eßl. Joghurt (3,5 %), 1 Teel. Senf, 1 Bund Schnittlauch, frisch gemahlener Pfeffer, Tabasco, 1/2 Paket TK-Erbsen (150 g).

1 Nudeln in sprudelnd kochendes Salzwasser mit dem Öl geben und in zehn Minuten bißfest kochen.

2 In einem Sieb unter kaltem Wasser abschrecken und abkühlen lassen.

3 Die Haut der Fleischwurst abziehen. Die Wurst in dünne Scheiben oder in Streifen schneiden.

4 Gewürzgurken in Scheiben oder Stifte schneiden.

5 Für die Soße Mayonnaise, Joghurt, Senf, Schnittlauchröllchen und einen Eßlöffel Gurkenwasser verrühren. Mit Salz, Pfeffer und einigen Spritzern Tabasco abschmecken.

6 Soße mit Fleischwurst, Gurken, Nudeln und den Erbsen vermischen.

7 Mindestens eine Stunde durchziehen lassen; abschmecken und eventuell nachwürzen. Falls die Nudeln nachgequollen sind, etwas Gurkenwasser oder Milch unterrühren, damit der Salat nicht zu trocken wird.

Für 3 Portionen (pro Portion ca. 630 Kalorien/2637 Joule)

Reissalat mit Champignons

In 1 Stunde fertig (reine Arbeitszeit 15 Minuten)

Die Champignons erst eine Viertelstunde vor dem Servieren unterheben, sonst setzen sie zuviel Flüssigkeit ab und die Salatsoße wird zu dünnflüssig.

100 g Natur-Langkornreis, 300 ccm Brühe (Instant), 250 g Champignons, 1/2 Zitrone, 3 Eßl. Mayonnaise, 1/2 Becher Joghurt (3,5 %), 1 Kästchen Kresse, 1 Eßl. grober Senf, 1 Fleischtomate, 200 g geräucherte Putenbrust, Salz, frisch gemahlener Pfeffer.

1 Reis mit der Brühe zum Kochen bringen. Auf kleinster Hitze 30 Minuten quellen lassen. Reis im geschlossenen Topf abkühlen lassen.

2 Champignons putzen (→S. 14), in dünne Scheiben schneiden und mit Zitronensaft mischen. Mayonnaise mit Joghurt, Kresse und Senf verrühren.

3 Tomate in Stücke und Putenbrust in mundgerechte Streifen schneiden. Reis, Champignons, Tomate und Putenbrust mit der Soße mischen. 15 Minuten durchziehen lassen und mit Salz und Pfeffer abschmecken.

Für 4 Portionen (pro Portion ca. 310 Kalorien/1298 Joule)
Dazu paßt Brot

NATURREIS: Im Vergleich zu poliertem (weißem) Reis enthält der unbehandelte, ungeschälte Naturreis die siebenfache Menge Vitamin B_1, doppelt soviel Kalzium und mehr als dreimal soviel Eisen. Naturreis sollte man vor dem Garen waschen, um die losen Spelzen zu entfernen. Er hat eine etwas längere Kochzeit (10–20 Minuten mehr) und einen kernigeren Biß als polierte Reissorten. Deshalb eignet er sich besonders gut für die verschiedensten Salate.

Geflügelsalat

In 25 Minuten fertig

1 gegrilltes Hähnchen (etwa 500 g), 1 säuerlicher Apfel, 100 g Champignons, 1 Zitrone, 1 Paket Doppelrahmfrischkäse (62,5 g), 1 Becher saure Sahne (150 g), 4 Eßl. Milch, 1 Bund Dill, Salz, frisch gemahlener Pfeffer.

1 Die Haut des Hähnchens entfernen, das Fleisch von den Knochen lösen und in mundgerechte Stücke schneiden.

2 Apfel schälen, vierteln und das Kerngehäuse herausschneiden. Apfel erst in Spalten, dann in kleine Stücke schneiden.

3 Champignons waschen, putzen (→S. 14) und in dünne Scheiben schneiden.

4 Champignonscheiben und Apfelstücke mit etwas Zitronensaft beträufeln, damit sie nicht braun werden.

5 Frischkäse mit saurer Sahne, drei Teelöffel Zitronensaft, Milch und gehacktem Dill verrühren. Mit Salz und Pfeffer abschmecken.

6 Alle Zutaten mit der Soße vermischen.

Für 4 Portionen (pro Portion ca. 370 Kalorien/1549 Joule)

Nizza-Salat

In 30 Minuten fertig

Alle Zutaten separat in Schüsseln bereitstellen, dann kann sich jeder seinen Salat selbst zusammenstellen.

1 Paket TK-Bohnen (300 g), Salz, 2 Eier, 1 grüner Salat, 1/2 Salatgurke, 1 rote Paprikaschote, 2 Fleischtomaten, 1 Zwiebel, 1 Dose Thunfisch im eigenen Saft (Einwaage 154 g), 1 Röhrchen Sardellenfilets (Einwaage 50 g), 50 g grüne Oliven, 1 Rezept Kräuter-Vinaigrette (→S. 42).

1 Bohnen in Salzwasser bei mittlerer Hitze 15 Minuten kochen. Abtropfen lassen.

2 Eier in acht Minuten hart kochen (→S. 44). Mit kaltem Wasser übergießen und abkühlen lassen. Eier schälen und längs in Achtel schneiden.

3 Den Wurzelansatz des grünen Salats mit einem Küchenmesser herausschneiden. Die Blätter ablösen, waschen und in einem großen Sieb abtropfen lassen. Auf einem Küchentuch trockentupfen oder in einer Salatschleuder trocknen. Salatblätter in mundgerechte Stücke zupfen.

4 Salatgurke schälen und in dünne Scheiben schneiden.

5 Paprikaschote putzen, waschen (→S. 86) und in feine Streifen schneiden.

6 Tomaten in Scheiben schneiden.

7 Zwiebel abziehen und in Ringe schneiden (→S. 19).

8 Thunfisch, Sardellen und Oliven abtropfen lassen.

9 Alle Zutaten außer den Ei-Achteln mit der Vinaigrette übergießen und vermischen. Zum Servieren mit den Eiern belegen.

Für 6 Portionen (pro Portion ca. 290 Kalorien/1214 Joule)
Dazu paßt Baguette

KONSERVENDOSEN, die beim Transport Beulen bekommen haben, werden mitunter als Sonderangebot verkauft. Diese Dosen lieber stehenlassen, gerade, wenn es sich um Fischkonserven handelt: Von außen nicht sichtbare Knickstellen können die Beschichtung der Innenwand beschädigen. Bei längerer Lagerung kann der Inhalt durch die Berührung mit dem freiliegenden Metall leiden. Auch Konservendosen mit deutlich aufgeblähtem Deckel oder Boden lieber nicht kaufen: Meist ist der Inhalt verdorben oder sogar in Gärung übergegangen; dabei bilden sich Gase, die das Metall wölben.

Mais-Thunfisch-Salat

In 20 Minuten fertig

1 Dose Thunfisch in Öl (Einwaage 155 g), 1 Staudensellerie (etwa 200 g), 1 Zwiebel, 2 Knoblauchzehen, 3 Eßl. Essig, Tabasco, Salz, frisch gemahlener Pfeffer, 1 Dose Gemüsemais (Einwaage 280 g).

1 Thunfisch abtropfen lassen; das Öl auffangen.

2 Staudensellerie putzen (→S. 28) und in dünne Scheiben schneiden.

3 Zwiebel abziehen und in Ringe schneiden (→S. 19).

4 Zerdrückten Knoblauch (→S. 32) mit Essig, einigen Spritzern Tabasco, Salz, Pfeffer und drei Eßlöffel Thunfischöl verrühren.

5 Die Soße mit Mais, Sellerie, Zwiebelringen und dem etwas zerpflückten Thunfisch vermischen.

6 Abschmecken und eventuell mit Pfeffer nachwürzen.

Für 4 Portionen (pro Portion ca. 200 Kalorien/837 Joule)
Dazu paßt Baguette

Bohnen-Rettich-Salat

Frühestens in 1 Stunde 35 Minuten fertig (reine Arbeitszeit 35 Minuten)

Schmeckt frisch zubereitet am besten. Rettich wird vom langen Stehen weich und zäh.

300 g frische oder tiefgefrorene grüne Bohnen, Salz, 1 Dose rote Bohnen (Einwaage 260 g), 1 weißer Rettich (etwa 300 g), je 1 Bund Schnittlauch und Petersilie, 5 Eßl. Essig, Salz, frisch gemahlener Pfeffer, 1 Prise Zucker, 5 Eßl. Öl.

1 Von den frischen Bohnen die Enden abschneiden. Frische Bohnen in Salzwasser etwa 20 Minuten, TK-Bohnen 15 Minuten kochen. Abtropfen und abkühlen lassen.

2 Die roten Bohnen auf ein Sieb geben und unter fließendem kalten Wasser abspülen. Abtropfen lassen.

3 Vom Rettich das obere und untere Ende abschneiden und den Rettich dünn schälen. Rettich längs vierteln und in dünne Scheiben schneiden.

4 Schnittlauchröllchen und gehackte Petersilie mit Essig, Salz, Pfeffer und Zucker verrühren. Öl mit einer Gabel unterschlagen.

5 Grüne und rote Bohnen, Rettich und die Soße vermischen. Mindestens eine Stunde durchziehen lassen und vor dem Servieren noch einmal probieren.

Für 4 Portionen (pro Portion ca. 290 Kalorien/1214 Joule)
Dazu passen Mischbrot oder Vollkornbrot mit Butter

Rotkohlsalat mit Honig und Nüssen

In 1 Stunde 40 Minuten fertig (reine Arbeitszeit 40 Minuten)

Dieser Salat bleibt auch nach Stunden auf dem Büfett noch knackig frisch.

Für diesen Salat muß der Rotkohl wirklich fein zerkleinert werden.

1 kleiner Rotkohl (etwa 750 g), 2 Zitronen, 4 Eßl. Öl (am besten Nuß- oder Traubenkernöl), 1 Eßl. Honig, Salz, frisch gemahlener Pfeffer, 100 g Hasel- oder Walnußkerne.

1 Äußere welke Blätter vom Rotkohl ablösen. Kohl vierteln und den Strunk herausschneiden. Den Kohl mit dem Messer sehr fein hacken. Mit dem Schnitzelwerk der Küchenmaschine oder des Handrührgerätes oder mit einem Blitzhacker verkürzt sich die Arbeitszeit um mehr als die Hälfte.

2 Zitronensaft mit Öl, Honig, Salz und Pfeffer verrühren und über den Kohl gießen. Gründlich mischen und etwa eine Stunde durchziehen lassen.

3 Vor dem Essen die grobgehackten Nüsse untermischen und den Salat mit Salz und Pfeffer kräftig abschmecken.

Für 6 Portionen (pro Portion ca. 230 Kalorien/963 Joule)
Dazu paßt Vollkornbrot

Kohlrabi-Möhren-Rohkost

In 25 Minuten fertig

500 g Kohlrabi, 250 g Möhren, 1/2 Zitrone, 1 Becher Joghurt (3,5 %), 1 Eßl. Öl (am besten kalt gepreßtes), Salz, frisch gemahlener Pfeffer, 1 Prise Zucker, 1 Eßl. TK-Kräutermischung.

1 Kohlrabi und Möhren putzen (→S. 82).

2 Gemüse auf einer groben Reibe raffeln und mit etwas Zitronensaft beträufeln, damit es nicht braun wird.

3 Joghurt mit einem Eßlöffel Zitronensaft und Öl verrühren. Mit Salz, Pfeffer, einer Prise Zucker und TK-Kräutern würzen.

4 Gemüse mit der Joghurtsoße mischen und sofort servieren.

Für 4 Portionen (pro Portion ca. 100 Kalorien/419 Joule)

Für KALT GEPRESSTE ÖLE werden die Ölfrüchte und -saaten ohne zusätzliche Erhitzung so schonend ausgepreßt, daß sie sich nicht über höchstens 50 Grad erwärmen. Es gibt keine zusätzliche Behandlung; das Öl bleibt völlig naturbelassen. Diese Öle behalten ihren typischen Geschmack und alle gesunden Fettbegleitstoffe. Weil die Ausbeute bei diesem Verfahren gering ist, sind die Preise recht hoch. Zum Braten, Grillen und Fritieren eignen sich diese Öle nicht, weil bei hohen Temperaturen ihre Fettstoffe verbrennen. Besser für diese Zubereitung sind raffinierte (gereinigte) Speiseöle, die zugleich wesentlich billiger sind.

Sojasprossen-Salat

Foto Seite 68

In 15 Minuten fertig

Schmeckt frisch zubereitet am besten.

1 Paket Sojasprossen (250 g), 1 rote Paprikaschote, 1 Radicchio (etwa 200 g; ersatzweise ein grüner Salat), ½ Rezept Kräuter-Vinaigrette (→S. 42), 1 Eßl. Sesamsaat (ersatzweise gehackte Haselnüsse).

1 Sojasprossen auf ein Sieb geben und mit kaltem Wasser abspülen. Abtropfen lassen und in eine Schüssel geben.

2 Paprikaschote putzen (→S. 86) und in hauchdünne Ringe schneiden.

3 Vom Radicchio die äußeren welken Blätter und den Wurzelansatz entfernen. Blätter in Streifen schneiden. Mit den Paprikaringen und Sojasprossen vermischen.

4 Kräutervinaigrette über die Salatzutaten gießen und kurz ziehen lassen. Mit Sesam bestreut servieren.

Für 4 Portionen (pro Portion ca. 140 Kalorien/586 Joule)

Nicht nur Salate bieten sich zum Rohessen an, sondern auch fast alle Gemüse. Roh bewahren sie nämlich alle ihre besonders gesunden Inhaltsstoffe, wie z. B. natürliche Farb- und Bitterstoffe und bakterientötende Wirkstoffe. ROHKOST stärkt also die körpereigenen Abwehrkräfte. Darum ist es günstig, mindestens ein Drittel der täglichen Gemüseration roh zu essen, und zwar am besten am Anfang der Mahlzeit. Das reguliert außerdem den Appetit.

Caesar-Salat

Foto Seite 68/69

In 30 Minuten fertig

Bei größeren Mengen die Brotwürfel im Backofen zubereiten: auf ein Backblech legen, mit wenig Öl beträufeln und mit Käse bestreuen. Auf 225 Grad/Gas Stufe 4 schalten und etwa 25 Minuten backen.

7 Eßl. Öl, 1 Knoblauchzehe, 150 g Parmesankäse im Stück, 4 Scheiben Toastbrot, 1 Eisbergsalat, 3 Eßl. Essig, Salz, frisch gemahlener Pfeffer, 1 Prise Zucker.

1 Öl mit zerdrücktem Knoblauch (→S. 32) verrühren.

2 Käse raffeln.

3 Brotscheiben würfeln. In zwei Eßlöffel heißem Knoblauch-Öl hellbraun braten. Mit zwei Eßlöffel Käse bestreuen und noch eine Minute weiterbraten. Sofort aus der Pfanne nehmen.

4 Vom Salatkopf die äußeren welken Blätter und den Wurzelansatz entfernen. Salatkopf halbieren und in feine Streifen schneiden.

5 Essig mit Salz, Pfeffer und Zucker gut verrühren. Restliches Öl mit einer Gabel oder einem kleinen Schneebesen kräftig unterschlagen.

6 Salatstreifen, Brotwürfel und restlichen Käse in eine weite Schüssel geben. Mit der Soße übergießen und alles gut durchmischen.

Für 8 Portionen (pro Portion ca. 210 Kalorien/879 Joule)

Steckrübensalat mit Walnüssen

In 1 Stunde fertig (reine Arbeitszeit 25 Minuten)

Hält sich auf einem Büfett lange Zeit knackig frisch.

Wer statt Steckrübe eine Sellerieknolle verwendet, bekommt einen „Waldorfsalat". Allerdings muß Sellerie fein geraspelt werden, weil er viel härter ist und sonst weniger gut durchzieht.

600 g Steckrübe, 500 g säuerliche Äpfel, 1/2 Zitrone, 100 g Walnußkerne, 200 g Mayonnaise (1 Rezept →S. 41 oder Fertigprodukt), 1 Becher Joghurt (3,5 %), Salz, frisch gemahlener Pfeffer.

1 Steckrüben und Äpfel schälen und grob raspeln, Zitronensaft untermischen.

2 Walnußkerne mit einem Messer hacken, Mayonnaise mit Joghurt verrühren. Salzen, pfeffern. Steckrüben, Äpfel und Nüsse mit der Soße vermischen.

3 Für mindestens 30 Minuten in den Kühlschrank stellen. Vor dem Essen mit Salz und Pfeffer nachwürzen.

Für 4 Portionen (pro Portion ca. 550 Kalorien/2302 Joule)
Dazu passen kaltes Fleisch oder Kurzgebratenes

Haupt-gerichte

Hauptsächlich Hauptgerichte sind es, an die man sich anfangs nicht so recht herantraut. Da muß so vieles nebeneinander gemacht und doch alles gleichzeitig fertig werden! Mit diesen Rezepten ist es kein Problem, Freunde „richtig“ zum Essen einzuladen. Auch Anfängern macht's mehr Spaß als Streß, weil vom Vorbereiten bis zum Garen alles auf Anhieb gelingt. Vor allem Gerichte mit Reis, Nudeln, Kartoffeln und Hackfleisch sind nicht nur einfach gemacht, sondern kosten auch dann wenig, wenn viele satt werden sollen.

Spaghetti Carbonara

Foto Seite 72

In 25 Minuten fertig

500 g Spaghetti, Salz, 3 Eßl. Öl, 200 g durchwachsener Speck, 6 Eigelb, 100 g Parmesankäse, frisch gemahlener Pfeffer.

1 Spaghetti in reichlich sprudelnd kochendem Salzwasser mit einem Eßlöffel Öl in acht Minuten bißfest (al dente) kochen. Auf einem Sieb abtropfen lassen.

2 Speckschwarte abschneiden und den Speck würfeln. In restlichem Öl im Nudeltopf bei kleiner Hitze knusprig braten.

3 Abgetropfte Spaghetti zufügen und gut durchmischen.

4 Eigelb und geriebenen Käse unterrühren und die Spaghetti mit wenig Salz und Pfeffer würzen.

Für 4 Portionen (pro Portion ca. 1040 Kalorien/4353 Joule)
Dazu grüner Salat

Direkt aus dem Kühlschrank ist SPECK sehr fest und läßt sich daher am einfachsten würfeln. Die Schwarte immer abschneiden. Durchwachsener Speck, der mit Pökellake gespritzt ist, fühlt sich weich an und glänzt feucht, beim Braten schrumpft er und gibt viel Wasser ab. Teurer und besser in der Qualität ist trocken eingesalzener Speck. Speck immer bei niedrigen Temperaturen braten: Bei zu großer Hitze verwandelt sich das Nitrit im Pökelsalz in krebserregende Nitrosamine.

Tomatensoße

Foto Seite 73

In 10 Minuten fertig

Große Mengen brennen leicht an. Deshalb beim Kochen dabeibleiben und häufig umrühren.

Einen halben Becher Schlagsahne (100 g) oder zwei bis drei Eßlöffel kaltgepreßtes Olivenöl unter die Soße rühren. Knoblauch, Oregano, Thymian, Basilikum oder auch Schnittlauch zugeben.

2 Zwiebeln, 2 Eßl. Öl, 1 Paket passierte Tomaten (500 g), Salz, frisch gemahlener Pfeffer, 1 Prise Zucker, Tabasco.

1 Von den Zwiebeln das Wurzelende abschneiden, die braune Haut mit einem spitzen Küchenmesser einritzen und abziehen. Zwiebeln längs halbieren. Mit der Schnittfläche nach unten auf ein Brett legen. Zuerst längs in Streifen, dann waagerecht zwei- bis dreimal einschneiden. Dabei nicht ganz bis zum Wurzelende schneiden, damit die Zwiebeln nicht auseinanderfallen. Quer in Würfel schneiden. In heißem Öl glasig dünsten.

2 Tomaten zufügen und im geschlossenen Topf einmal aufkochen lassen.

3 Die Soße mit Salz, Pfeffer, Zucker und Tabasco würzig-scharf abschmecken.

Für 2 Portionen (pro Portion ca. 180 Kalorien/753 Joule)

Paßt zu Nudeln, Reis (→S. 107) oder Frikadellen (→S. 93), Schaschlik (→S. 106), Hähnchenkeulen (→S. 105) oder kurzgebratenem Fleisch

Fleischsoße „Bolognese“

Foto Seite 72

In 20 Minuten fertig

Größere Mengen auf Vorrat einfrieren.

1 Bund Suppengrün, 20 g Butter oder Margarine, 250 g Hackfleisch, 1/4 l Brühe (Instant), 1 Dose Tomatenmark (70 g), 2 Knoblauchzehen, Salz, frisch gemahlener Pfeffer, 1 Prise gemahlener Zimt, 1 Bund Petersilie.

1 Suppengrün putzen und waschen (→S. 82). Das Gemüse in feine Würfel schneiden und in heißem Fett andünsten.

2 Hackfleisch zerkrümeln, zum Gemüse geben und bei großer Hitze braun anbraten. Dabei ab und zu wenden.

3 Brühe, Tomatenmark und zerdrückten Knoblauch zufügen. In der geschlossenen Pfanne etwa zehn Minuten garen.

4 Die Soße mit Salz, Pfeffer und einer kleinen Prise Zimt abschmecken. Gehackte Petersilie unterrühren.

Für 3 Portionen (pro Portion ca. 340 Kalorien/1423 Joule)
Paßt zu Nudeln oder Reis (→S. 107)

Obwohl preiswert und immer beliebt – leider sind NUDELN NICHT FÜR VIELE GÄSTE geeignet: Für mehr als vier Portionen sind Töpfe und Siebe meistens zu klein. Man rechnet nämlich mit 100 g Nudeln auf einen Liter Wasser, damit sie nicht verkleben. Und warm halten lassen sich gekochte Nudeln auch nicht; dabei bildet sich ein einziger dicker Klumpen.

Schnelle Reispfanne

In 25 Minuten fertig

Für mehr als 6 Portionen braucht man eine zweite große Pfanne.

Wer ganz wenig Zeit hat, nimmt Kurzzeitreis, der in fünf Minuten gar ist. Reisreste eignen sich ebenfalls sehr gut.

100 g Langkornreis, Salz, 200 g ungebrühte grobe Bratwurst, 2 Eßl. Öl, 1 Paket TK-Erbsen (300 g), 1 Bund Petersilie, ½ Zitrone, frisch gemahlener Pfeffer.

1 Reis in reichlich Salzwasser aufkochen. Bei kleiner Hitze im geschlossenen Topf 20 Minuten quellen lassen.

2 Inzwischen die Bratwurst in Klößchen aus der Haut drükken und in einer Pfanne in heißem Öl hellbraun braten.

3 Erbsen und abgetropften Reis zufügen und alles in der geschlossenen Pfanne etwa fünf Minuten braten.

4 Petersilie fein hacken und Zitronenschale abreiben (→S. 35). Beides mischen.

5 Reispfanne mit Salz und Pfeffer abschmecken und mit der Petersilienmischung bestreut servieren.

Für 3 Portionen (pro Portion ca. 500 Kalorien/2093 Joule)
Dazu paßt Crème fraîche

Pellkartoffeln mit buntem Quark

Foto Seite 70

1 kleine Salatgurke, 1 Bund Lauchzwiebeln, 1 Bund Radieschen, 1 Knoblauchzehe, 1 Bund Schnittlauch, 500 g Quark (20%), 1/8 l Milch, Salz, frisch gemahlener Pfeffer, 1 kg festkochende Kartoffeln.

In 30 Minuten fertig

Pellkartoffeln in der Schale servieren. Jeder schält sich seine Kartoffeln selbst bei Tisch. Bei jungen Kartoffeln kann die saubere Schale mitgegessen werden.

Statt Radieschen und Lauchzwiebeln gewürfelte Äpfel, Gewürzgurken und Zwiebeln unter den Quark rühren.

1 Gurke schälen und entkernen (→S. 26). In kleine Würfel schneiden.

2 Wurzelenden und dunkelgrüne, welke Blätter von den Lauchzwiebeln abschneiden. Lauchzwiebeln waschen und in feine Ringe schneiden.

3 Radieschenwurzeln und -grün abschneiden. Radieschen waschen und in Viertel schneiden.

4 Quark mit Milch, Gurke, Lauchzwiebeln, Radieschen und zerdrücktem Knoblauch und Schnittlauchröllchen verrühren. Mit Salz und Pfeffer abschmecken.

5 Kartoffeln gründlich waschen und in einen Topf geben. Etwa einen halben Liter Wasser und einen Teelöffel Salz zugeben. Im geschlossenen Topf bei großer Hitze zum Kochen bringen. Dann die Hitze herunterschalten und bei kleiner Hitze je nach Größe der Kartoffeln 20 bis 25 Minuten kochen. Mit einem spitzen Küchenmesser in eine Kartoffel stechen und prüfen, ob sie durch und durch weich ist.

6 Kochwasser abgießen und die Kartoffeln etwas abkühlen lassen. Mit dem bunten Quark servieren.

Für 4 Portionen (pro Portion ca. 350 Kalorien/1465 Joule)

Fortsetzung der Rezepte auf Seite 81

GEFÜLLTE AVOCADO

27

Schnelle Bohnensuppe
18

16 Gemischte Vorspeisen

ÜBERBACKENE CHAMPIGNONS

14

SCHNELLE PIZZA

21

ELEGTER

3

JOGHURTSOSSE 40

MAYONNAISE 41

KRÄUTER-VINAIGRETTE 42

KARTOFFELSALAT 45

SOJASPROSSEN-SALAT

56

CAESAR-SALAT

57

Überbackene Hirse Mit Tomaten

81

Pellkartoffeln
Mit Buntem Quark

64

Schaschlik

106

GEBRATENE HÄHNCHENKEULEN

105

62 Fleischsosse „Bolognese“

110 Bauernfrühstück

0 Spaghetti Carbonara

61 Tomatensosse

90 Nasi Goreng Mit Kroepoek

95 Hackfleischpfanne

Kasseler in Blätterteig
102

Rumpsteak
mit Kräuterbutter
101

MINESTRONE
82

38

Trauben-Cocktail

122

Götterspeise Mit Früchten

117

PFIRSICH-SHAKE

118

RT-SHAKE MIT BROMBEEREN

114

BANANEN-SPLIT

116

MOUSSE AU CHOCOLAT

Gebackenes Päckchen
133

139 Rumkugeln

134 Joghurt-Torte

141

Pizza Mit
Salami Und Oliven

128

SPIEGELEI-KUCHEN

Überbackene Hirse mit Tomaten

Foto Seite 70

In 1 Stunde fertig (reine Arbeitszeit 20 Minuten)

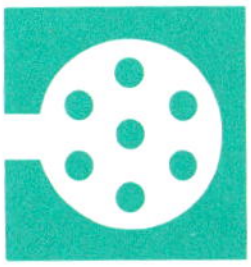

Ofenfeste Form, Backofen

Beim Kochen größerer Mengen Hirse (ab 10 Portionen) besser in zwei Töpfen garen; sie brennt sonst leicht an. Dreifache Rezeptmenge paßt zum Überbacken auf die Fettpfanne des Backofens.

1 Zwiebel, 20 g Butter oder Margarine, 250 g Hirse, 1/2 l Brühe (Instant), 6 kleine Tomaten, 100 g Käse (z. B. Greyerzer oder Emmentaler), 1 Bund Schnittlauch, Salz, Tabasco, Fett für die Form.

1 Zwiebel abziehen und würfeln (→S. 61) und in heißem Fett glasig dünsten.

2 Hirse und Brühe dazugeben und aufkochen. Im geschlossenen Topf bei kleiner Hitze 20 Minuten quellen lassen.

3 Tomaten abziehen (→S. 14).

4 Käse raffeln.

5 Käse (einen Eßlöffel zurücklassen) und Schnittlauchröllchen unter die Hirse rühren. Mit Salz und einigen Spritzern Tabasco kräftig abschmecken.

6 Hirse in eine gefettete ofenfeste Form geben und die Tomaten daraufsetzen. Mit restlichem Käse bestreuen.

7 Im Backofen bei 200 Grad/Gas Stufe 3 in 25 Minuten überbacken.

Für 3 Portionen (pro Portion ca. 520 Kalorien/2177 Joule)
Dazu paßt Gurkensalat

Fortsetzung der Rezepte von Seite 64

Minestrone – italienische Gemüsesuppe

Foto Seite 74/75

In 45 Minuten fertig

Ab 12 Portionen braucht man einen 10-Liter-Topf.

Schneller ist die Minestrone mit TK-Suppengrün und Dosentomaten zubereitet. Statt Paprikaschoten TK-Erbsen verwenden.

1 Bund Suppengrün, je eine rote und grüne Paprikaschote, 4 Zwiebeln, 2 Fleischtomaten (350 g), 30 g Butter oder Margarine, 1 l Brühe (Instant), 100 g Muschelnudeln (ersatzweise andere Nudeln, z. B. Gabelspaghetti), Salz, frisch gemahlener Pfeffer, Edelsüß-Paprika, 1 Bund Petersilie, 40 g Parmesankäse (ersatzweise mittelalter Goudakäse).

1 Suppengrün putzen: Möhren (und evtl. Petersilienwurzel) mit einem Sparschäler schälen. Oben und unten knapp abschneiden. Das Selleriestück mit einem Küchenmesser schälen. Falls die Schnittflächen sehr braun sind, ebenfalls dünn schälen. Von der Porreestange Wurzelende und welke grüne Blätter abschneiden. Porreestange längs bis fast zum Wurzelansatz einschneiden, etwas auseinanderdrücken und unter fließendem kalten Wasser abspülen.

2 Möhren, Petersilienwurzel und Sellerie in Würfel, Porree in Ringe schneiden.

3 Paprikschoten putzen, waschen (→S. 86) und in kleine Stücke schneiden.

4 Zwiebeln abziehen und würfeln (→S. 61).

5 Tomaten abziehen (→S. 14) und in Achtel schneiden.

6 Suppengrün, Zwiebeln und Paprika in heißem Fett andünsten. Brühe zugießen und im geschlossenen Topf bei mittlerer Hitze 15 Minuten kochen.

7 Inzwischen Nudeln in einem Liter Salzwasser sprudelnd sechs bis acht Minuten kochen. Die Nudeln dürfen nicht zu weich sein. Nudeln auf einem Sieb abtropfen lassen. Zusammen mit den Tomaten in die Suppe geben.

8 Suppe mit Salz, Pfeffer und Paprika kräftig abschmecken. Mit gehackter Petersilie und geriebenem Käse bestreut servieren.

Für 3 Portionen (pro Portion ca. 390 Kalorien/1633 Joule)
Dazu passen Weißbrot oder Bauernbrot

PARMESANKÄSE, ursprünglich eine Spezialität aus der italienischen Stadt Parma, schmeckt nicht nur gerieben zu Nudeln und Suppen. In mundgerechte Bröckchen zerteilt, paßt der würzige Hartkäse auch sehr gut pur zu frischem Weißbrot und Rotwein.

Chili con Carne – scharfer Bohneneintopf

In 2 Stunden fertig (ohne Einweichzeit)

Küchenhandschuhe

Die Zubereitung ist auch bei Riesenmengen kein Problem, wenn zwei große Töpfe vorhanden sind. Einer wird zum Bohnenkochen, der zweite zum Zwiebel-, Paprika- und Tomatenschmoren gebraucht. Das Hackfleisch in einer Pfanne in mehreren Portionen nacheinander anbraten. Zum Schluß alle Zutaten in einem großen Gefäß (Plastikeimer oder Einkochkessel) durchmischen. Achtung: Nur so viel Brühe zugießen, daß das Chili nicht zu dünnflüssig wird. Dann gleichzeitig in mehreren Töpfen erhitzen und evtl. nachwürzen.

250 g getrocknete rote Bohnen, Salz, frisch gemahlener Pfeffer, 250 g Zwiebeln, 1 grüne Paprikaschote, 2 Chilischoten, 4 Eßl. Öl, 600 g Hackfleisch, 1 Eßl. Rosenpaprika, 2 Knoblauchzehen, 1 große DoseTomaten, 1 Dose Tomatenmark (140 g), $^{1}/_{2}$ l Brühe (Instant), Chilipulver.

1 Bohnen in eineinhalb Liter kaltem Wasser über Nacht einweichen.

2 Bohnen im Einweichwasser mit Salz und Pfeffer auf großer Hitze aufkochen lassen. Auf kleine Hitze herunterschalten und die Bohnen im geschlossenen Topf eine Stunde kochen.

3 Bohnen auf ein Sieb geben und abtropfen lassen.

4 Zwiebeln abziehen und in Ringe schneiden (→S. 19).

5 Paprikaschote putzen (→S. 86) und in Stücke schneiden.

6 Chilischoten mit einem Küchenmesser aufschlitzen, die Kerne entfernen und die Schoten würfeln. Wichtig: Dabei Küchenhandschuhe tragen, da ein Wirkstoff aus der Schote sehr auf der Haut brennt.

7 Hackfleisch im heißen Öl unter Rühren krümelig braun braten. Mit Salz und Rosenpaprika würzen, aus der Pfanne nehmen und in einen großen Topf geben.

8 Zwiebeln, Paprika und Chilischoten in die Pfanne geben und bei kleiner Hitze unter Rühren andünsten.

9 Zerdrückten Knoblauch (→S. 32) und Tomaten mit Flüssigkeit zugeben und bei mittlerer Hitze in der geschlossenen Pfanne 15 Minuten kochen.

10 Bohnen, Tomatengemüse, Tomatenmark und Brühe mit dem Hackfleisch mischen. Unter Rühren bei mittlerer Hitze aufkochen. Chili con Carne mit Chilipulver und Salz kräftig abschmecken.

Für 5 Portionen (pro Portion ca. 650 Kalorien/2721 Joule)

Wenig Schärfe regt die Geschmacksnerven an, zuviel überdeckt den Geschmack. Beim Kochen mit frischen oder getrockneten CHILISCHOTEN erreicht man eine milde Schärfe, wenn man die ganzen Schoten mitgart und vor dem Essen entfernt. Sehr viel schärfer wird's, wenn die Schoten zerkleinert mitgaren.

Gulasch mit Paprika

In 2 Stunden 15 Minuten fertig

5-l-Topf

100 g durchwachsener Speck, 200 g Zwiebeln, 200 g Möhren, 3 Eßl. Öl, 750 g Rindergulasch, 1 kleine Dose Tomaten, 1 Dose Tomatenmark (70 g), 2 Eßl. Edelsüß-Paprika, Salz, frisch gemahlener Pfeffer, 600 g Paprikaschoten, 1 Becher Crème fraîche (150 g).

1 Speckschwarte abschneiden und Speck fein würfeln.

2 Zwiebeln abziehen und in Ringe schneiden (→S. 19).

3 Möhren putzen (→S. 82) und in Scheiben schneiden.

4 Speck bei kleiner Hitze unter Rühren glasig dünsten. Herausnehmen.

5 Öl zum Speckfett geben und langsam erhitzen.

6 Die Hälfte des Fleisches zugeben und im offenen Topf bei großer Hitze unter Rühren rundherum braun braten. Herausnehmen.

7 Restliches Fleisch ebenfalls braun braten. Herausnehmen.

8 Zwiebelringe im Bratfett bei mittlerer Hitze unter Rühren glasig dünsten.

9 Speck, Fleisch, Möhren, Tomaten mit Flüssigkeit, Tomatenmark, Edelsüß-Paprika, Salz und Pfeffer zu den Zwiebeln geben und alles bei mittlerer Hitze im geschlossenen Topf aufkochen. Auf kleine Hitze herunterschalten und 30 Minuten schmoren.

10 Paprikaschoten längs halbieren und den Stielansatz mit den Kernen herausschneiden. Schoten abspülen und in Stücke schneiden.

11 Paprika zum Fleisch geben und bei kleiner Hitze eine weitere Stunde schmoren.

12 Crème fraîche unterrühren und noch einmal aufkochen. Das Gulasch mit Salz, Pfeffer und reichlich Paprika abschmecken.

Für 4 Portionen (pro Portion ca. 680 Kalorien/2846 Joule)
Dazu passen Nudeln oder Salzkartoffeln

Beim ANBRATEN VON GULASCH braucht man Geduld; es kann bis zu 15 Minuten dauern, bis das Fleisch braun ist. Niemals alles Fleisch auf einmal anbraten: dann entwickelt sich zuviel Flüssigkeit. Die Stücke werden mehr gekocht als gebraten und das Gulasch wird zäh. Es ist normal, daß das Fleisch beim Anbraten zunächst Schaum bildet.

Chop Suey – asiatische Fleischpfanne

In 1 Stunde 30 Minuten fertig (reine Arbeitszeit 40 Minuten)

große Pfanne (⌀ mind. 30 cm)

600 g Schweineschnitzel in dünnen Scheiben, 12 Eßl. Sojasoße, 1/2 Teel. Ingwerpulver, frisch gemahlener Pfeffer, evtl. 3 Eßl. Sherry, 1 Paket Sojasprossen (250 g), 1 Dose Bambussprossen (Einwaage 180 g), 200 g Champignons, 600 g Porree, 6 Eßl. Öl, 4 Teel. Speisestärke, Salz.

1 Schweineschnitzel in kurze dünne Streifen schneiden. Mit einer Mischung aus vier Eßlöffel Sojasoße, Ingwer, Pfeffer und einem Eßlöffel Sherry übergießen, durchmischen und mindestens eine Stunde stehenlassen.

2 Sojasprossen in einem Sieb unter fließendem kalten Wasser abspülen und abtropfen lassen.

3 Abgetropfte Bambussprossen in dünne Streifen schneiden.

4 Champignons putzen (→S. 14) und in Scheiben schneiden.

5 Porree putzen (→S. 82) und in feine Ringe schneiden.

6 Das Fleisch in drei Portionen in je einem Eßlöffel heißem Öl hellbraun braten. Herausnehmen.

Es gibt bei SOJASOSSEN eine mehr süße und eine mehr salzige Geschmacksrichtung; vom Etikett ist das fast nie abzulesen. Deshalb sollte man die Soße immer erst probieren, bevor man ein Gericht zu sehr würzt.

7 Im restlichen Fett das Gemüse in zwei Portionen bei mittlerer Hitze in der geschlossenen Pfanne fünf Minuten braten.

8 Einen Viertelliter Wasser mit Speisestärke verrühren, mit Fleisch und Gemüse in die Pfanne geben und alles eine Minute aufkochen. Mit Salz, Pfeffer, Sojasoße und Sherry abschmecken und sofort servieren.

Für 6 Portionen (pro Portion ca. 360 Kalorien/1507 Joule)
Dazu paßt Reis (→ S. 107)

Nasi goreng mit Kroepoek – indonesische Reispfanne

Foto Seite 73

In 1 Stunde fertig

Sehr große Pfanne

Öl zum Ausbacken; 8 Stück Kroepoek (getrocknetes Krabbenbrot; in Asienläden, großen Supermärkten), 2 Zwiebeln, 2 Knoblauchzehen, 400 g Hähnchen- oder Putenschnitzel, 3 Eßl. Öl, 200 g Langkornreis, 400 ccm Hühnerbrühe (Instant), 1 Teel. Curry, 1/4 Teel. Chilipulver, 2 Bananen, 60 g Butter oder Margarine, 100 g Krabbenfleisch, 2–3 Eßl. Sojasoße, Salz, 4 Eier.

1 Zum Ausbacken etwa zwei Fingerbreit Öl in einem kleinen Topf erhitzen. Es hat die richtige Temperatur, wenn an einem hineingetauchten Holzspieß oder -löffel kleine Blasen aufsteigen. Kroepoekstücke nacheinander in das Fett geben und in etwa zwei Minuten ausbacken. Auf Küchenkrepp abtropfen lassen.

2 Zwiebeln und Knoblauchzehen abziehen und fein würfeln (→S. 61).

3 Fleisch in dünne Streifen schneiden.

4 Fleisch in zwei Portionen in heißem Öl braun braten. Aus der Pfanne nehmen und warm stellen.

5 Zwiebel- und Knoblauchwürfel und Reis im Bratfett glasig dünsten.

6 Brühe zugießen und mit Curry und Chilipulver würzen. Aufkochen und in der geschlossenen Pfanne bei kleinster Hitze 20 Minuten quellen lassen.

7 Inzwischen Bananen schälen und der Länge nach halbieren. In 20 Gramm heißem Fett bei mittlerer Hitze braun braten und warm stellen.

8 Fleisch und Krabben unter den Reis mischen. Nochmals mit Sojasoße, Curry und Salz abschmecken.

9 Im restlichen Fett vier Spiegeleier braten.

10 Nasi goreng portionsweise mit Spiegelei, Banane und Kroepoek anrichten.

Für 4 Portionen (pro Portion ca. 710 Kalorien/2972 Joule)

FRITIERFETT kann mehrmals verwendet werden, wenn es nach jedem Gebrauch durch eine Kaffeefiltertüte gegossen wird. Das Fett nicht wieder benutzen, wenn es beim Erhitzen qualmt und sich bräunlich verfärbt hat. Gebrauchtes Fett nicht in den Ausguß kippen. Die Kläranlagen werden damit nur schwer oder gar nicht fertig, so daß viel kostbares Trinkwasser verunreinigt werden kann. Öl lieber in ein Schraubdeckelglas gießen und mit dem normalen Hausmüll wegwerfen.

Hackfleischteig

2 altbackene Brötchen, 2 Zwiebeln, 750 g Hackfleisch, 3 Eier, Salz, frisch gemahlener Pfeffer.

1 Brötchen in kaltem Wasser stehenlassen, bis sie ganz durchgeweicht sind. Brötchen mit den Händen gut ausdrücken und in kleine Stücke zerpflücken.

2 Zwiebeln abziehen und würfeln (→S. 61).

3 Zwiebelwürfel mit Hackfleisch, Eiern und Brötchen verkneten (am besten mit den Händen).

4 Den Hackfleischteig mit Salz und Pfeffer kräftig abschmecken.

5 Hackfleischteig je nach Rezept weiterverarbeiten.

HACKFLEISCH unbedingt frisch zubereiten, also noch am Einkaufstag. Durch das Zerkleinern hat das Fleisch eine stark vergrößerte Oberfläche, die an der Luft schnell von Keimen befallen wird und verdirbt. Darum Hackfleisch auch immer gut durchbraten, es soll innen nicht mehr roh sein! Fertig gebratenes Hackfleisch (z. B. Frikadellen, Hackbraten) hält sich, wenn es schnell abgekühlt wird und sofort in den Kühlschrank kommt, noch ein bis zwei Tage.

Frikadellen

1 Rezept Hackfleischteig (→ links), 3 Eßl. Senf, 1 Teel. Rosenpaprika, 3 Eßl. Öl.

1 Hackfleischteig zubereiten und mit Senf und Paprika verkneten.

2 Teig in zehn Portionen teilen und mit angefeuchteten Händen Frikadellen formen.

3 In heißem Öl zunächst fünf Frikadellen bei mittlerer Hitze knusprig braun braten; das dauert von jeder Seite mindestens fünf Minuten. Herausnehmen, eventuell warm stellen und die restlichen Frikadellen ebenso braten.

Für 10 Frikadellen bzw. 5 Portionen (pro Portion ca. 560 Kalorien/2344 Joule)

Dazu passen Senf und Kartoffelsalat (→S. 45) oder Salzkartoffeln und Gemüse

FRIKADELLE zwischen zwei Brötchenhälften mit Salatblättern, Tomatenscheiben und Salatsoße aus der Flasche wie einen Hamburger anrichten.

In 45 Minuten fertig

Die Frikadellen schmecken auch kalt, können daher für größere Mengen problemlos vorbereitet werden. Das doppelte Rezept im Backofen zubereiten: Dafür die geformten Frikadellen auf die Fettpfanne legen, auf 200 Grad/Gas Stufe 3 schalten und etwa 40 Minuten braten.

Wieviel Brötchen man für Hackfleischteig nimmt, ist Geschmackssache. Wer's lieber lockerer und saftiger mag, nimmt mehr, wer's lieber fester und mit kräftigem Fleischgeschmack will, nimmt eher weniger.

Hackfleischkuchen vom Blech

In 1 Stunde 10 Minuten fertig (reine Arbeitszeit 30 Minuten)

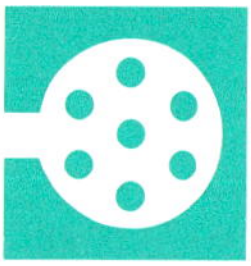

Backofen, Fettpfanne

Größere Mengen Hackfleischteig können bis zu drei Stunden im Kühlschrank aufbewahrt und nacheinander gebacken werden. Der Kuchen schmeckt warm oder kalt.

2 Rezepte Hackfleischteig (→S. 92), 2 Paprikaschoten, 1 Glas Silberzwiebeln (Einwaage 280 g), 200 g Käse (Gouda oder Emmentaler).

1 Hackfleischteig zubereiten.

2 Paprika putzen (→S. 86) und würfeln.

3 Fleischteig mit Paprikawürfeln und abgetropften Silberzwiebeln verkneten.

4 Teig gleichmäßig in die Fettpfanne des Backofens drücken.

5 Mit geriebenem Käse bestreuen, in den Backofen schieben, auf 200 Grad/Gas Stufe 3 schalten und etwa 40 Minuten backen.

Für 20 Portionen (pro Portion ca. 310 Kalorien/1634 Joule)
Dazu passen Baguette und Tomatensalat (→S. 46)

Hackfleischpfanne

Foto Seite 74

In 30 Minuten fertig

Größere Mengen nach und nach in der Pfanne zubereiten. Dann in der Fettpfanne des Backofens warm halten.

250 g Zwiebeln, 250 g Möhren, 500 g Hackfleisch, 2 Eßl. Öl, Salz, Curry, 1 Paket TK-Erbsen (300 g), 1 Dose Gemüsemais (Einwaage 285 g), 1 Becher Schlagsahne (200 g), 1/2 Zitrone, 50 g Käse (Parmesan oder alter Gouda).

1 Zwiebeln abziehen und in Ringe schneiden (→S. 19).

2 Geputzte Möhren (→S. 82) der Länge nach dreimal durchschneiden. Mit der Schnittfläche nach unten auf ein Brett legen und in streichholzlange Stifte schneiden.

3 Hackfleisch in heißem Öl bei großer Hitze kräftig braten, dabei mit einem Bratenwender immer wieder umrühren. Zwiebeln und Möhren zugeben. Mit Salz und Curry würzen und in der geschlossenen Pfanne bei mittlerer Hitze zehn Minuten dünsten.

4 Erbsen, Mais und Schlagsahne zugeben und noch fünf Minuten dünsten.

5 Mit Salz, Curry und Zitronensaft nochmals abschmecken. Zum Essen mit frisch geriebenem Käse bestreuen.

Für 4 Portionen (pro Portion ca. 770 Kalorien/3223 Joule)
Dazu passen Reis (→S. 107) oder Kartoffeln und Rohkost (→S. 55)

Hackbraten mit Schafkäse

In 1 Stunde 20 Minuten fertig (reine Arbeitszeit 20 Minuten)

Backofen, Kastenform (28 cm)

Für größere Mengen bis zu drei Kastenformen nebeneinander auf den Rost des Backofens stellen und 15 bis 20 Minuten länger backen. Ideal für ein kaltes Büfett.

1 Rezept Hackfleischteig (→S. 92), 1 Eßl. Senf, 1 Eßl. getrockneter Majoran, 150 g Schafkäse, 100 g durchwachsener Speck in dünnen Streifen.

1 Hackfleischteig zubereiten und mit Senf und Majoran verkneten.

2 Eine Hälfte des Teigs in eine Kastenform (30 cm) geben und mit grob zerbröckeltem Schafkäse belegen. Restlichen Teig zufügen und festdrücken. Mit Speckstreifen belegen.

3 Im Backofen bei 225 Grad/Gas Stufe 4 eine Stunde backen. Schmeckt warm und kalt.

Für 5 Portionen (pro Portion ca. 740 Kalorien/3098 Joule)
Dazu passen Kartoffelpüree und Gemüse oder Salat

Den TEIG FÜR HACKBRATEN, Frikadellen und Klößchen mit den Händen durchmischen. Die Knethaken von Handrührer oder Küchenmaschine zerkleinern die Fleischfasern so, daß der Fleischsaft und das Fett sich absetzen. Das fertige Hackgericht wird dann trocken und zäh.

Cevapcici – jugoslawische Hackröllchen

In etwa 30 Minuten fertig

Große Mengen Cevapcici wie Frikadellen (→S. 93) im Backofen zubereiten.

500 g Hackfleisch, 3 Knoblauchzehen, 1 Bund Petersilie, 1 Eßl. Olivenöl, Salz, frisch gemahlener Pfeffer, 3 Eßl. Öl.

1 Hackfleisch, zerdrückten Knoblauch (→S. 32), gehackte Petersilie, Olivenöl, Salz und Pfeffer verkneten und abschmekken.

2 Aus dem Teig etwa 20 daumengroße Rollen formen.

3 Etwa die Hälfte der Rollen (je nach Pfannengröße) in heißem Öl bei mittlerer Hitze rundherum in etwa fünf Minuten braun braten. Herausnehmen, warm stellen und die restlichenRollen ebenso braten.

Für 4 Portionen (pro Portion ca. 440 Kalorien/1842 Joule)
Dazu passen gekaufter Krautsalat und mit Paprika gewürzter Reis

Schweinefleisch à la Gyros

Frühestens in 2 Stunden 30 Minuten fertig (reine Arbeitszeit 30 Minuten)

Bei großen Mengen: Fleisch und Zwiebeln portionsweise braten, dann alles in die Fettpfanne des Backofens geben und bei 200 Grad/Gas Stufe 3 warm halten. Mit Alufolie bedecken, damit das Fleisch nicht austrocknet.

Bei vielen Fleischern gibt es fertig geschnittenes und gewürztes Gyrosfleisch.

500 g dünne Schweineschnitzel, 1–3 Knoblauchzehen, 3 Teel. getrockneter Majoran, 1 Teel. Rosenpaprika, 1 Teel. gemahlener Koriander, 1/4 Teel. Ingwerpulver, 4 Eßl. Öl, 3 Zwiebeln.

1 Schnitzel in Streifen schneiden.

2 Zerdrückten Knoblauch (→S. 32) mit Majoran, Paprika, Koriander, Ingwer und einem Eßlöffel Öl verrühren. Fleisch mit den Gewürzen vermischen und zugedeckt für mindestens zwei Stunden kühl stellen.

3 Zunächst die eine Hälfte der Fleischstreifen mit ihrer Würzmischung in heißem Öl unter Rühren bei großer Hitze in etwa drei Minuten braun braten. Herausnehmen und restliches Fleisch ebenfalls braun braten.

4 Alles Fleisch mit Zwiebelringen (→S. 19) in der geschlossenen Pfanne bei kleiner Hitze noch etwa zehn Minuten braten.

Für 3 Portionen (pro Portion ca. 420 Kalorien/1758 Joule)
Dazu passen gekaufter Krautsalat und Tsatsiki (→S. 32), Weißbrot.

Koteletts mit Sahnezwiebeln

In 20 Minuten fertig

Beim Kurzbraten entsteht keine Soße, deshalb werden Steaks und Koteletts häufig mit Kräuterbutter serviert.

4 Zwiebeln, 50 g Butterschmalz oder Margarine, 4 Schweinekoteletts à 200 g, Salz, frisch gemahlener Pfeffer, 1 Becher Crème fraîche (150 g).

1 Zwiebeln abziehen und in Würfel schneiden (→S. 61). In heißem Fett glasig dünsten. Herausnehmen.

2 Koteletts salzen und pfeffern. Im Bratfett bei mittlerer Hitze von jeder Seite etwa fünf Minuten braten. Herausnehmen und warm stellen. Das Bratfett abgießen.

3 Zwiebeln und Crème fraîche in der Pfanne aufkochen und mit Salz und Pfeffer abschmecken.

4 Sahnezwiebeln zu den Koteletts servieren.

Für 4 Portionen (pro Portion ca. 920 Kalorien/3851 Joule)
Dazu passen Salzkartoffeln und Gemüse

<u>Beilagen zu Kurzgebratenem:</u>
Nudeln mit brauner Butter und gehackten Haselnüssen;
gebackene Kartoffeln mit saurer Sahne oder Quark;
mit Käse überbackenes Gemüse; geschmorte Pilze.
Besonders schnell sind zubereitet: fertig gekaufte TK-Kartoffelkroketten; TK-Pommes frites; Knoblauchbrot.

Für SAHNESOSSE ZU KURZGEBRATENEM den Bratensatz mit einigen Eßlöffeln Brühe, Wein oder Weinbrand aufkochen und unter Rühren vom Pfannenboden lösen. Einige Eßlöffel Schlagsahne, Schmand, Crème fraîche oder Crème double zugeben, mit Salz und Pfeffer würzen und bei größter Hitze in der offenen Pfanne kochen lassen, bis ein Teil der Flüssigkeit verdampft und die Soße cremig geworden ist.
So lassen sich aber nur kleine Mengen Soße zubereiten – etwa zwei Eßlöffel pro Steak. Bei größeren Mengen wird der Geschmack nicht kräftig genug.

Leber mit Zwiebeln und Äpfeln

In 20 Minuten fertig

4 Zwiebeln, 2 Äpfel, 50 g Butterschmalz oder Margarine, 4 Scheiben Leber à 120 g, 4 Eßl. Mehl, Salz.

1 Zwiebeln abziehen und in Ringe schneiden (→S. 19).

2 Äpfel schälen, das Kerngehäuse entfernen und Äpfel in Spalten schneiden.

3 Zwiebeln in heißem Fett glasig dünsten.

4 Apfelspalten zugeben und eine Minute mitdünsten, herausnehmen.

5 Leberscheiben mit Mehl bestäuben, pfeffern und bei mittlerer Hitze von jeder Seite drei Minuten braten. Aus der Pfanne nehmen und salzen.

6 Zwiebeln und Äpfel in der Pfanne wieder erwärmen und zur Leber servieren.

Für 4 Portionen (pro Portion ca. 360 Kalorien/1507 Joule)
Dazu passen Kartoffelbrei, Salzkartoffeln oder Reis (→S. 107)

Das FETT ZUM BRATEN darf beim Erhitzen nicht verbrennen. Öl oder Kokosfett sind daher besser für Kurzgebratenes geeignet als Butter oder Margarine. Für das feine Butteraroma die fertigen Steaks mit einem Stückchen Butter servieren.

Rumpsteak mit Kräuterbutter

Foto Seite 74

In 20 Minuten fertig

4 Rumpsteaks à 200 g, 4 Eßl. Öl, Salz, frisch gemahlener Pfeffer, 80 g Kräuterbutter oder Knoblauchbutter (→S. 35).

1 Fleisch mit Küchenkrepp trockentupfen.

2 Öl in einer Pfanne erhitzen. Prüfen, ob das Öl heiß genug ist: einen Tropfen Wasser ins Fett spritzen. Wenn das Fett zischt, hat es die richtige Temperatur.

3 Fleisch in das Fett geben und nach Geschmack von jeder Seite zwei Minuten braten: Dann ist das Fleisch außen braun, innen aber noch blutig (rare oder englisch);
vier Minuten braten: Dann ist das Fleisch innen noch leicht rosa, aber nicht mehr blutig (medium);
sechs Minuten braten: Dann ist das Fleisch durchgebraten (well done).

4 Fleisch nach dem Braten mit Salz und Pfeffer würzen und mit Kräuterbutter servieren.

Für 4 Portionen (pro Portion ca. 620 Kalorien/2595 Joule)
Dazu passen Pommes frites und Salat

Geflügel- oder Schweineschnitzel müssen immer durchgebraten werden. Das schmeckt bei diesen Fleischsorten besser; außerdem können sie, roh gegessen, Infektionskrankheiten verursachen. Sie brauchen vier bis fünf Minuten von jeder Seite. Die kleinen zarten Lammkoteletts haben die kürzeste GARZEIT; sie sind nach zwei Minuten von jeder Seite richtig saftig und haben dann einen rosa Schimmer.

Kasseler in Blätterteig

Foto Seite 74

In 1 Stunde 40 Minuten fertig (reine Arbeitszeit 20 Minuten)

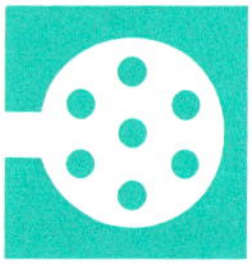

Kuchenrolle, Palette, Backofen

Für viele Leute besser mehrere Braten nach diesem Rezept zubereiten. Die Garzeit sehr großer Braten ist schlechter einzuschätzen.

1 Paket TK-Blätterteig (300 g), Mehl zum Ausrollen, 1 Ei, 600 g Kasseler im Stück ohne Knochen.

1 Blätterteigscheiben nebeneinanderlegen und 15 Minuten bei Zimmertemperatur auftauen lassen. Scheiben wieder aufeinanderlegen.

2 Arbeitsfläche und Kuchenrolle leicht mit Mehl bestäuben. (Statt der Kuchenrolle kann man auch eine Flasche nehmen.) Blätterteig zu einem Rechteck (etwa 25x35 cm) ausrollen. Dabei den Teig immer wieder mit einem großen Messer oder einer Palette von der Arbeitsfläche lösen. Wichtig: Die Kuchenrolle nicht zu stark aufdrücken, sondern jeweils nur leicht über den Teig rollen. Teigreste aufbewahren.

3 Ei trennen (→S. 116).

4 Kasseler in die Mitte der Teigplatte legen. Teigränder mit Eiweiß bestreichen, den Teig über dem Fleisch zusammenschlagen und die Ränder fest andrücken.

5 Eingewickeltes Fleisch mit der Teig-Nahtstelle nach unten auf ein mit Backtrennpapier ausgelegtes Backblech legen.

6 Aus den Teigresten schmale Streifen schneiden. Mit Eiweiß auf den Teigmantel kleben. Eine etwa 2 cm große Öffnung vom Teig ausstechen oder -schneiden, damit der Dampf beim Backen entweichen kann.

7 Eigelb mit einem Eßlöffel Wasser verrühren und den Teig rundherum damit bestreichen.

8 Blech in den Backofen schieben, bei 225 Grad/Gas Stufe 4 eine Stunde backen.

9 Den Braten am besten mit einem Sägemesser oder einem elektrischen Messer in Scheiben schneiden. Warm oder kalt servieren.

Für 6 Portionen (pro Portion ca. 560 Kalorien/2344 Joule)
Dazu passen Meerrettichsahne und grüner Salat (→S. 43)

KASSELERFLEISCH erhält seine appetitlich rote Farbe durchs Pökeln. Dafür wird immer Nitrit verwendet. Obwohl dieser Stoff als krebserregend gilt, verzichtet man bisher nicht auf ihn, weil er hochgiftige Bakterien im rohen Fleisch abtötet. Kasselerfleisch sollte auf keinen Fall gegrillt oder bei sehr hohen Temperaturen gebraten werden. Dabei entstehen gesundheitsschädliche Nitrosamine.

Spareribs – gebackene Rippchen

In etwa 2 Stunden fertig

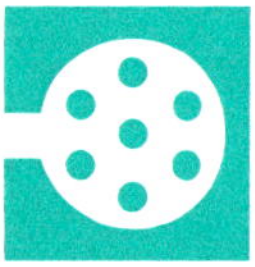

Backofen, Fettpfanne

In einem Umluftherd können mehrere Bleche auf einmal gebraten werden.

1 kleine Dose Tomaten, 2 Zwiebeln, 3 Knoblauchzehen, Salz, 2 Eßl. flüssiger Honig, 3 Eßl. Öl, 1,5 kg Schälrippen.

1 Abgetropfte Tomaten mit dem Löffel durch ein Sieb streichen.

2 Tomatenpüree mit Zwiebelwürfeln (→S. 61), zerdrückten Knoblauchzehen (→S. 32), Salz, Honig und Öl verrühren.

3 Die Fettpfanne des Backofens mit Alufolie auslegen und die Rippen mit der Fleischseite nach oben darauflegen. Rippen dünn mit der Tomatensoße bestreichen.

4 Fettpfanne in den Backofen schieben, auf 225 Grad/Gas Stufe 4 schalten und die Rippen etwa eine Stunde 45 Minuten backen. Dabei immer wieder dünn mit der restlichen Tomatensoße bestreichen. Die fertigen Rippen sollen knusprig braun und glänzend aussehen.

Für 4 Portionen (pro Portion ca. 690 Kalorien/2888 Joule)
Dazu passen Brot und Salat

Gebratene Hähnchenkeulen

Foto Seite 70/71

Je 1 Bund Petersilie, Dill und Schnittlauch, 4 Eßl. Olivenöl, Salz, frisch gemahlener Pfeffer, 10 Hähnchenkeulen.

1 Gehackte Kräuter mit Öl, Salz und Pfeffer verrühren. Hähnchenkeulen damit bestreichen. Eventuell zugedeckt für einige Stunden oder über Nacht in den Kühlschrank stellen, das Fleisch bekommt so mehr Kräuteraroma.

2 Keulen auf den Rost des Backofens (Fettpfanne darunter) legen und in den Backofen schieben. Bei 225 Grad/Gas Stufe 4 etwa 40 Minuten braten. Die Keulen schmecken heiß oder kalt.

Für 5 Portionen (pro Portion ca. 450 Kalorien/1884 Joule)
Dazu passen Pommes frites, Kartoffelsalat (→S. 45) oder Brot und Tomatensoße (→S. 61)

In frühestens einer Stunde fertig (reine Arbeitszeit 20 Minuten)

Backofen

Größere Portionen nacheinander im Backofen braten. Kalt servieren oder vor dem Essen noch einmal bei 225 Grad/Gas Stufe 4 etwa zehn Minuten erwärmen.

Statt frischer Kräuter 1 1/2 Teel. provenzalische Kräutermischung (tiefgekühlt oder getrocknet) mit dem Öl verrühren. Nach Belieben ein bis zwei zerdrückte Knoblauchzehen unterrühren oder das Öl mit einem Teelöffel Edelsüß-Paprika oder Curry verrühren.

TIEFGEKÜHLTES GEFLÜGEL aus der Verpackung nehmen und in einem Sieb mit einer Schüssel darunter auftauen lassen. Die Abtauflüssigkeit kann Salmonellen enthalten. Das Fleisch soll deshalb nicht darin liegenbleiben; Arbeitsfläche und -gerät nach der Arbeit gründlich mit heißem Wasser und Spülmittel reinigen.

Schaschlik

Foto Seite 70

In 45 Minuten fertig

Backofen, Fettpfanne

Die Spieße lassen sich gut vorbereiten und roh etwa 12 Stunden im Kühlschrank aufbewahren. Im normalen Backofen können etwa 12 Spieße auf einmal gebraten werden.

300 g Schweineschnitzel im Stück, 300 g Rumpsteak im Stück, 1 grüne Paprikaschote, 1 große Fleischtomate (etwa 300 g), 3 Zwiebeln, 1/2 Zitrone, Salz, grob geschroteter Pfeffer, Edelsüß-Paprika, 3 Eßl. Öl.

1 Fleisch in gleichmäßig große Würfel schneiden.

2 Paprikaschote putzen, waschen (→S. 86) und in quadratische Stücke schneiden.

3 Tomaten in Achtel schneiden. Kerne herausdrücken.

4 Zwiebeln abziehen (→S. 61) und in Viertel schneiden.

5 Fleischwürfel, Paprika, Tomate und Zwiebeln abwechselnd auf sechs Schaschlikspieße aus Metall oder Holz stecken.

6 1 Eßl. Zitronensaft mit Salz, Pfeffer und Edelsüß-Paprika verrühren. Öl mit einer Gabel unterschlagen.

7 Fleischspieße mit der Soße bestreichen und auf den Rost des Backofens (Fettpfanne darunter) legen.

8 Spieße entweder unter dem vorgeheizten Grill von jeder Seite fünf Minuten grillen. Oder im ausnahmsweise vorgeheizten Backofen bei 250 Grad/Gas Stufe 5 von jeder Seite etwa zwölf Minuten braten.

Für 6 Portionen (pro Portion ca. 240 Kalorien/1005 Joule)

Dazu passen Reis (→S. 107) oder Pommes frites und gemischter Salat

Gekochter Reis

In 25 Minuten fertig

Nach dieser Methode kann man auch größere Reismengen kochen. Als Faustregel gilt: Auf 1 Tasse Reis 2 Tassen Flüssigkeit abmessen. Naturreis (→S. 48) saugt mehr Flüssigkeit auf, darum einige Eßlöffel Wasser oder Brühe zusätzlich berechnen.

250 g Langkornreis, Salz.

1 Reis mit einem viertel Teelöffel Salz und einem halben Liter Wasser bei großer Hitze zum Kochen bringen.

2 Bei kleinster Hitze im geschlossenen Topf 20 Minuten quellen lassen, bis der Reis die Flüssigkeit aufgenommen hat.

Für 4 Portionen (pro Portion ca. 200 Kalorien/837 Joule)

1. Statt Wasser dieselbe Menge Brühe nehmen oder halb Brühe, halb Wein.
2. Getrocknete Kräuter (Thymian, Estragon), getrocknete Pilze oder eine ganze Zwiebel mitkochen.
3. Den fertigen Reis mit frischen gehackten Kräutern, gewürfelten Tomaten, Curry und geriebenem Apfel oder geriebenen Käse vermischen.

Currywurst

In 25 Minuten fertig

Fertiggebratene Würste lassen sich bei 50 Grad im Backofen warm halten.

Es gibt TK-Pommes frites, die nicht in Fett fritiert werden müssen, sondern ganz einfach im Ofen aufgebacken werden.

2 Teel. Speisestärke, 300 ccm Tomatenketchup, Salz, frisch gemahlener Pfeffer, evtl. Zucker, Worcestersoße, 4 feine, gebrühte Bratwürste à 100 g, 3 Eßl. Öl, 2–3 Teel. Curry.

1 Speisestärke mit 150 ccm Wasser verrühren. Mit Tomatenketchup unter Rühren aufkochen. Mit Salz, Pfeffer, eventuell einer Prise Zucker und Worcestersoße abschmecken. Warm stellen.

2 Bratwürste in heißem Fett bei mittlerer Hitze in etwa 15 Minuten hellbraun braten. Oft wenden, damit sie rundum braun werden.

3 Würste in mundgerechte Stücke schneiden, mit Curry bestäuben und mit der Soße begießen.

Für 4 Portionen (pro Portion ca. 550 Kalorien/2302 Joule)
Dazu passen Pommes frites

Für alles, was beim Braten sehr spritzt, aber nicht bei geschlossenem Deckel zubereitet werden kann, ist ein PFANNENSIEB praktisch. Das ist ein rundes, sehr feines Metallgitter, mit dem man die Pfanne abdeckt. Es läßt zwar Luft ans Bratgut, verhindert aber Fettspritzer. Gibt es in verschiedenen Größen (Haushaltswarengeschäft) passend zu den Pfannenmaßen.

Gebratene Grünkernplätzchen

In 40 Minuten fertig

Grünkernplätzchen schmecken auch kalt.

250 g Grünkernschrot, 400 ccm Brühe (Instant), 2 Eier, 2 Eßl. Sojamehl, 2 Eßl. Sojasoße, 2 Schmelzkäse-Ecken à 62,5 g, 3 Eßl. Öl.

1 Grünkernschrot mit der Brühe zum Kochen bringen. Unter Rühren bei kleinster Hitze zu einem dicken Brei kochen. Im geschlossenen Topf abkühlen lassen.

2 Eier, Sojamehl und -soße und Schmelzkäse unterkneten, bis ein gleichmäßiger Teig entstanden ist.

3 Öl in einer großen Pfanne erhitzen. Aus dem Grünkernteig mit angefeuchteten Händen acht handtellergroße flache Plätzchen formen. Bei mittlerer Hitze von beiden Seiten knusprig braun braten. Das dauert mindestens fünf Minuten pro Seite.

Für 4 Portionen (pro Portion ca. 470 Kalorien/1967 Joule)
Dazu passen überbackene Champignons (→S. 14) und Tomatensoße (→S. 61) oder grüner Salat (→S. 43)

Für GRÜNKERN wird Dinkel, eine sehr alte Weizensorte, geerntet, bevor er reif ist. Grünkern ist besonders aromatisch und enthält viel Eiweiß.

Bauernfrühstück

Foto Seite 72

In einer Stunde fertig

1 kg festkochende Kartoffeln, Salz, 100 g durchwachsener Speck, 250 g Porree, 6 Eier, frisch gemahlener Pfeffer, Salz, Edelsüß-Paprika, 20 g Butter oder Margarine, 1 Bund Schnittlauch.

1 Kartoffeln in der Schale in Salzwasser etwa 20 Minuten kochen. Schälen und in Scheiben schneiden (→S. 64).

2 Vom Speck die Schwarte entfernen und den Speck fein würfeln.

3 Porree putzen, waschen und in Ringe schneiden (→S. 82).

4 Eier mit Salz, Pfeffer und Paprika mit einer Gabel verschlagen.

5 Speckwürfel in einer großen Pfanne in heißem Fett bei kleiner Hitze langsam braten, bis sie knusprig sind. Herausnehmen.

6 Kartoffelscheiben im Speckfett in etwa drei Portionen braun braten. Dabei ab und zu wenden, damit sie nicht anbrennen. Alle Kartoffeln mit den Porreeringen und Speckwürfeln wieder in die Pfanne geben.

7 Die verquirlten Eier darübergießen und in der geschlossenen Pfanne bei kleiner Hitze etwa fünf Minuten braten, bis die Eier gestockt sind.

8 Das Bauernfrühstück mit Salz und Pfeffer abschmecken und mit Schnittlauchröllchen bestreuen.

Für 4 Portionen (pro Portion ca. 510 Kalorien/2135 Joule)

Für knusprig braune BRATKARTOFFELN eignen sich festkochende Sorten am besten, mehlige zerfallen in der Pfanne zu Mus. Die Pfanne soll möglichst groß sein, mit einem schweren, die Hitze gut leitenden Boden. Liegen die Kartoffelscheiben nebeneinander, bräunen sie besser als in aufgetürmten Schichten. Geschmacksneutrales Öl, Butterschmalz, Margarine, Schweine- oder Gänseschmalz sind zum Braten geeignet. Für roh gebratene Kartoffeln das Fett bei großer Hitze vorheizen, herunterschalten und die Kartoffeln unter häufigem Wenden bei mittlerer Hitze langsam braten. Vorgekochte Kartoffeln bei mittlere Hitze anbräunen und bei niedrigerer Temperatur fertigbraten.

Vollkornnudel-Auflauf mit Porree

500 g Porree, 250 g Champignons, 60 g Butter oder Margarine, 1 Teel. getrockneter Thymian, Salz, 250 g Vollkorn-Hörnchennudeln, Fett für die Form, 4 Eier, 1 Becher Schlagsahne (250 g), 100 g Gouda- oder Emmentaler Käse.

1 Porree (→S. 82) und Pilze putzen (→S. 14) und in feine Scheiben schneiden.

2 Das Gemüse in heißem Fett bei großer Hitze braten, bis der Porree glasig und ganz leicht gebräunt ist. Mit Thymian und Salz würzen und beiseite stellen.

3 Nudeln in reichlich sprudelnd kochendem Salzwasser knapp gar kochen (→S. 60). Auf einem Sieb abtropfen lassen und gründlich mit kaltem Wasser abspülen.

4 Eine ofenfeste Form fetten und zuerst eine Schicht Nudeln, dann Gemüse und wieder Nudeln einschichten.

5 Die Eier mit der Sahne verschlagen, mit Salz abschmecken. Die Mischung gleichmäßig über die Nudeln gießen und geriebenen Käse darüberstreuen.

6 Auflauf im Backofen bei 225 Grad/Gas Stufe 4 etwa 45 Minuten backen.

Für 5 Portionen (pro Portion ca. 600 Kalorien/2512 Joule)

Dazu paßt Sojasprossen-Salat (→S. 56)

In 1 Stunde 20 Minuten fertig (reine Arbeitszeit 35 Minuten)

Backofen, ofenfeste Form

Bis zu 15 Portionen können in der Fettpfanne des Backofens auf einmal gebacken werden. Dafür das Gemüse in drei Portionen nacheinander andünsten. Bei dieser Menge braucht man zum Nudelnkochen mindestens einen 5-Liter-Topf.

Der Auflauf wird gehaltvoller, wenn man 250 Gramm Hackfleisch braun und krümelig anbrät und mit einschichtet.

Süßes

Selbst nach den besten Hauptgerichten hat fast jeder noch Appetit auf ein wenig Süßes. Je nach Zeit und vorhandenen Zutaten kann's ein Dessert aus verfeinertem Quark oder Eis sein oder ein ganz und gar selbstgemachtes. Und Milchshakes kann man wohl immer trinken.

Bananen-Split

Foto Seite 77

In 15 Minuten fertig

Handrührer, Eisportionierer oder Löffel

Nicht mehr als zwei Becher Sahne auf einmal schlagen, sonst wird sie eventuell nicht gleichmäßig steif und wird bei längerem Schlagen zu Butter.

Statt fertiger Schokoladensoße: 100 Gramm Zartbitterschokolade mit einem halben Becher flüssiger Sahne erhitzen, bis sie geschmolzen ist.

1 Vanilleschote, $^{1}/_{2}$ Flasche Schokoladensoße (125 ml), 1 Becher Schlagsahne (200 g), 1 Eßl. Zucker, 4 Bananen, 1 Zitrone, 1 Packung Vanilleeis (500 ml).

1 Vanilleschote mit einem spitzen Messer der Länge nach halbieren. Auf ein Brett legen und mit dem Messer die schwarzen Körner, das Vanillemark, herauskratzen.

2 Schokoladensoße in der Flasche im heißen Wasserbad erhitzen, bis sie dünnflüssig geworden ist.

3 Schlagsahne mit Zucker und Vanillemark steif schlagen (→S. 131).

4 Bananen schälen, der Länge nach halbieren und mit Zitronensaft beträufeln.

5 Vom Eis mit einem Portionierer oder einem Löffel Kugeln abstechen, dabei den Löffel zwischendurch immer wieder in kaltes Wasser tauchen. Oder das Eis in Würfel schneiden.

6 Je zwei Bananenhälften, zwei bis drei Eiskugeln und zwei Eßlöffel Schlagsahne auf Portionstellern anrichten. Mit der heißen Soße begießen und sofort servieren,

---

Für 4 Portionen (pro Portion ca. 520 Kalorien/2177 Joule)

Eis mit heißen Himbeeren

In 15 Minuten fertig

Himbeersoße hält sich im Kühlschrank zwei bis drei Tage.

300 g frische oder tiefgefrorene Himbeeren, 1 Päckchen Vanillinzucker, 1 Paket Vanilleeis (500 ml).

1 Frische Himbeeren verlesen. Himbeeren mit Vanillinzucker in einen Topf geben und bei kleiner Hitze unter Rühren aufkochen.

2 Eis mit der heißen Himbeersoße anrichten.

Für 4 Portionen (pro Portion ca. 220 Kalorien/921 Joule)

Birne Helene

In etwa 30 Minuten fertig

2 Birnen, 1/2 Zitrone, 1 Tafel Zartbitterschokolade (100 g), 1 Becher Schlagsahne (200 g), evtl. 2 Eßl. Sherry oder Rum, 1 Paket Vanilleeis (500 ml).

1 Birnen halbieren, schälen und das Kerngehäuse entfernen. Mit einem Achtelliter Wasser und einem Eßlöffel Zitronensaft im geschlossenen Topf dünsten, bis die Birnen weich sind, aber noch nicht zerfallen. Abkühlen lassen.

2 Zerbröckelte Schokolade in der Sahne erhitzen, bis sie geschmolzen ist. Mit Sherry oder Rum abschmecken.

3 Das Eis in vier Portionen teilen und mit je einer Birnenhälfte anrichten. Mit der heißen Schokoladensoße begießen.

Für 4 Portionen (pro Portion ca. 470 Kalorien/1967 Joule)

Mouse au Chocolat –
französische Schokoladencreme

Foto Seite 76/77

In 2 Stunden 30 Minuten fertig (reine Arbeitszeit 20 Minuten)

Handrührer

Immer nur die Menge eines Rezepts auf einmal zubereiten, sonst kann die Mousse mißlingen.

3 Eier, 1 Becher Schlagsahne (250 g), 2 Tafeln Zartbitterschokolade à 100 Gramm, 40 g Zucker.

1 Eier trennen: Jedes Ei in der Mitte am Schüsselrand anschlagen. Schale vorsichtig so auseinanderbrechen, daß das Eiweiß herauslaufen kann, das Eigelb jedoch in einer Schalenhälfte zurückbleibt. Damit das restliche Eiweiß heraustropfen kann, das Eigelb mehrmals von einer Schalenhälfte in die andere gleiten lassen. Wichtig: Schon winzige Spuren von Eigelb im Eiweiß verhindern, daß das Eiweiß beim späteren Schlagen steif wird. Deshalb jedes Ei am besten separat über einer Tasse aufschlagen. Eiweiß mit den Quirlen des Handrührers steif schlagen. Quirle und Schüssel müssen absolut fettfrei sein, sonst wird das Eiweiß nicht fest. Der Eischnee hat die richtige Beschaffenheit, wenn ein Schnitt mit dem Messer sichtbar bleibt.

2 Schlagsahne steif schlagen (→S. 131).

3 Schokolade im Wasserbad schmelzen (→S. 139).

4 Zwei Eßlöffel heißes Wasser zum Eigelb geben und mit den Quirlen des Handrührers schaumig schlagen. Nach und nach den Zucker einrieseln lassen und so lange weiterrühren, bis der Zucker nicht mehr knirscht.

5 Die flüssige Schokolade unterrühren.

6 Sofort Eischnee und steifgeschlagene Sahne unterziehen: einen Schneebesen durch die Masse ziehen, über der Handkante abschlagen und neu ansetzen. So bleibt die Creme luftig. Das Dessert für etwa zwei Stunden in den Kühlschrank stellen, bis es fest ist.

Für 6 Portionen (pro Portion ca. 380 Kalorien/1591 Joule)
Dazu passen Pfirsich- oder Birnenspalten, frische Erdbeeren

Pfirsich-Shake

Foto Seite 77

In 10 Minuten fertig

Andere Früchte, z.B. Bananen, Beeren, entsteinte Kirschen oder Nuß-Nougat-Creme oder Schokopulver, mit der Milch verrühren.

2 Pfirsiche oder 4 Pfirsichhälften aus der Dose, 1/2 Vanilleschote, 3/8 l Milch.

1 Frische Pfirsiche mit kochendem Wasser übergießen. Etwa drei Minuten stehenlassen. Haut abziehen. Pfirsiche halbieren und entsteinen.

2 Pfirsichhälften kleinschneiden und mit einer Gabel zu Brei zerdrücken.

3 Ausgekratztes Vanillemark (→S. 114) und Milch unterrühren. In zwei Gläser füllen.

Für 2 Portionen (pro Portion ca. 170 Kalorien/712 Joule)

MILCHSHAKES lassen sich sehr gut im Mixer oder mit dem Schneidstab des Handrührers zubereiten. Wer ein solches Gerät besitzt, kann gleich alle Zutaten auf einmal durchmischen.

Joghurt-Shake mit Brombeeren

Foto Seite 77

In 10 Minuten fertig

150 g frische oder TK-Brombeeren, 1/4 l Milch, 1 Becher Joghurt (10 %), evtl. 1 Eßl. Zucker.

1 Tiefgekühlte Beeren etwas antauen lassen. Frische Beeren entstielen. Brombeeren mit einer Gabel zerdrücken.

2 Milch unterrühren und in zwei Gläser füllen.

3 Joghurt mit einer Gabel glattrühren und eventuell mit Zucker süßen. In die Brombeermilch gießen und so verrühren, daß Schlieren entstehen.

Für 2 Portionen (pro Portion ca. 240 Kalorien/1005 Joule)

Für einen ZUCKERRAND das Glas etwa einen halben Zentimeter breit mit Wasser oder Zitronensaft befeuchten und in bunten, braunen oder normalen Haushaltszucker drücken. Trocknen lassen.

Gekochter Vanillepudding

Frühestens in einer Stunde 30 Minuten fertig (reine Arbeitszeit 15 Minuten)

Puddingform, wenn der Pudding gestürzt werden soll. Für Einzelportionen eignen sich auch Porzellantassen mit glatten, geraden Wänden.

Jeweils höchstens die doppelte Rezeptmenge zubereiten. Pudding brennt sonst leicht an.

1/2 l Milch, 1 Vanilleschote, 50 g Speisestärke, 2–3 Eßl. Zucker, 1 Eßl. Puderzucker oder Zucker zum Bestreuen.

1 Milch mit Vanilleschote und -mark (→S. 114) zum Kochen bringen. Topf von der Kochstelle nehmen und Vanilleschote herausnehmen.

2 Stärke mit Zucker und zwei Eßl. Wasser glattrühren. In die Milch geben und unter ständigem Rühren einmal aufkochen.

3 Den fertigen Pudding sofort in eine Schüssel gießen oder ihn in eine kalt ausgespülte Puddingform füllen. Mit Zucker bestreuen, damit sich keine Haut bildet. Kalt stellen.

Für 4 Portionen (pro Portion ca. 180 Kalorien/753 Joule)
Dazu paßt Schlagsahne

Wer einen PUDDING nicht stürzen will, sondern ihn lieber locker und schaumig möchte, rührt ein Eigelb unter, schlägt das Eiweiß zu steifem Schnee und hebt ihn unter den heißen Pudding.

Für feinen Schokoladenpudding eine Tafel zerbröckelte Zartbitterschokolade in der Milch schmelzen. Eventuell ein Gläschen Weinbrand oder Rum unter den fertigen Pudding mischen.
Für Nußpudding 50 g gehackte Wal- oder Haselnüsse in einer trockenen Pfanne hellbraun rösten und unter den fertigen Pudding mischen. Evtl. mit Zimt würzen.
Für Mokkapudding eine halbe Tafel Zartbitterschokolade und einen gestrichenen Eßlöffel Instant-Kaffee mit der Milch aufkochen. 30 g Mokkabohnen unter den fertigen Pudding mischen.
Für Mandelpudding 40 g gehackte Mandeln und ein Gläschen Mandellikör unter den fertigen Pudding mischen.

Popcorn

In 10 Minuten fertig

Schmeckt frisch am besten. Größere Mengen Popcorn nach und nach zubereiten.

1 Eßl. Öl, 50 g Popcorn-Mais (gibt's im Reformhaus und in alternativen Lebensmittelläden), Salz oder Zucker.

1 Öl in einem weiten Topf oder in einer Pfanne erhitzen.

2 Maiskörner hineinschütten, Deckel auflegen (wichtig!) und auf kleinste Stufe herunterschalten.

3 Den zugedeckten Topf ab und zu schütteln, damit alle Maiskörner aufgehen. Auf der Herdplatte stehenlassen, bis es im Topf nicht mehr „knallt". Topf sofort vom Herd nehmen.

4 Heißes Popcorn mit Salz oder Zucker bestreuen.

Für 4 Portionen (pro Portion ca. 70 Kalorien/293 Joule)

Obstsalat mit Popcorn

In 20 Minuten fertig

Den Obstsalat kann man etwa drei Stunden vor dem Servieren zubereiten und kalt stellen.

1 Zitrone, 1 Eßl. Honig, 2 Orangen, 2 Bananen, 2 Äpfel, 3 Kiwis, 1 Handvoll Popcorn.

1 Zitronensaft mit Honig verrühren.

2 Alles Obst schälen, kleinschneiden und mit dem Zitronensaft mischen. Popcorn über den Salat streuen.

Für 4 Portionen (pro Portion ca. 200 Kalorien/837 Joule)
Dazu passen Schlagsahne, Vanillesoße oder Vanilleeis

Milchreis mit Zimt und Zucker

In etwa 50 Minuten fertig

Als Dessert reicht der Reis für 6 Portionen.

50 Gramm geraspelte Schokolade, geriebene Nüsse oder gehackte Trockenfrüchte unter den fertigen Reis mischen. Wird der Reis dann zu dick, noch ein bis drei Eßlöffel Milch oder Sahne unterrühren.

1 l Milch, 1 Prise Salz, 1 Vanilleschote, 175 g Milchreis, 2–4 Eßl. Zucker oder Honig, Zimt und Zucker zum Bestreuen.

1 Milch mit Salz, dem ausgekratzten Vanillemark (→S. 114) und der Vanilleschote im offenen Topf aufkochen. Achtung: am Herd stehenbleiben, Milch kocht sehr leicht über.

2 Reis zugeben, umrühren und auf kleinster Hitze etwa 40 Minuten quellen lassen. Vanilleschote entfernen.

3 Milchreis mit Zucker oder Honig süßen. Warm oder kalt mit Zucker und Zimt bestreut servieren.

Für 4 Portionen als süßes Hauptgericht (pro Portion ca. 360 Kalorien/1507 Joule)

Dazu schmecken frisches Obst oder Obstkompott

SONNENBLUMENKERNE können in vielen Rezepten Haselnüsse und Walnüsse ersetzen. Sie kosten nur etwa die Hälfte, liefern aber genauso viele Vitamine und Mineralstoffe. Am besten schmecken sie übrigens, wenn man sie ohne Fett in einer beschichteten Pfanne röstet.

Götterspeise mit Früchten

Foto Seite 76

In frühestens 4 Stunden 30 Minuten fertig (reine Arbeitszeit 30 Minuten)

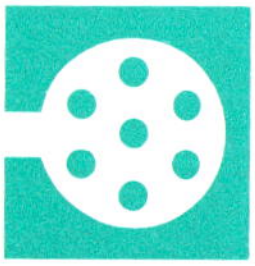

Puddingförmchen oder Tassen

Fertige Götterspeise aus dem Becher eignet sich ebenfalls.

Je 1 Paket grüne und gelbe Götterspeise, 1 Flasche Apfelsaft (0,7 l), 150 g Zucker, 1 Paket TK-Brombeeren (300 g; ersatzweise andere tiefgekühlte oder frische Früchte).

1 Jede Sorte Götterspeise einzeln mit jeweils einer halben Flasche Apfelsaft und einem Achtelliter Wasser in einem Topf verrühren.

2 Zehn Minuten quellen lassen.

3 In jeden Topf 75 Gramm Zucker rühren und die Flüssigkeit bis kurz vorm Kochen erhitzen.

4 Acht kleine Puddingförmchen oder Tassen mit kaltem Wasser ausspülen. Jeweils grüne oder gelbe Götterspeise einfüllen und im Kühlschrank etwa vier Stunden, am besten über Nacht, fest werden lassen.

5 Gelee auf eine Glasplatte oder einen großen Teller stürzen. Dafür die Götterspeise mit einem spitzen Messer vom Formrand lösen, Förmchen ins heiße Wasser tauchen, bis das Gelee am Rand etwas flüssig geworden ist.

6 Mit den Früchten anrichten.

Für 8 Portionen (pro Portion ca. 150 Kalorien/628 Joule)

Honigquark mit Haferschrot

Frühestens nach einer Stunde 10 Minuten fertig (reine Arbeitszeit 10 Minuten)

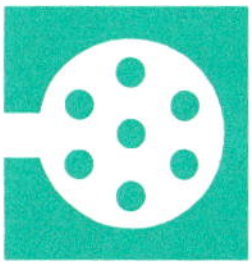

Blitzhacker

Ideal zum Brunch

2 Eßl. Haferschrot, 50 g getrocknete Aprikosen, 1 Teel. Zitronat (oder Schale 1/2 Zitrone), 500 g Magerquark, 1/2 Becher Schlagsahne (100 g), 6 Eßl. Milch (oder Orangensaft), 2 Eßl. Honig.

1 Haferschrot mit etwa fünf Eßlöffel Wasser einweichen und mindestens eine Stunde, besser über Nacht, im Kühlschrank stehenlassen.

2 Aprikosen und Zitronat sehr fein hacken; schneller geht's im Blitzhacker.

3 Quark, Sahne, Milch, Honig, Schrot, Aprikosen und Zitronat gut verrühren. Kalt stellen.

Falls die Creme durchs Stehen zu dick geworden ist, noch etwas Wasser unterrühren.

Für 6 Portionen als Dessert (pro Portion ca. 200 Kalorien/837 Joule)

Für 2–3 Portionen als süßes Hauptgericht (pro Portion ca. 410 Kalorien/1716 Joule)

Dazu passen frische Früchte

Schokoladen-Eis

In 15 Minuten fertig (ohne Abkühl- und Einfrierzeit)

Die Form eine halbe Stunde vor dem Servieren aus dem Gefrierfach nehmen und in den Kühlschrank stellen; das Eis läßt sich dann besser portionieren.

2 Becher Schlagsahne à 250 g, je 1 Tafel Zartbitter- und Vollmilchschokolade à 100 g.

1 Die zerbröckelte Schokolade mit einem Becher Sahne unter Rühren erhitzen, bis sie geschmolzen ist. Abkühlen lassen.

2 Restliche Sahne steif schlagen (→S. 131). Die Schokoladensahne unterrühren. In eine Form geben, mit Klarsichtfolie abdecken und in das Gefrierfach stellen. Mindestens über Nacht gefrieren lassen; hält sich tiefgekühlt etwa 3 Monate.

Für 4 Portionen (pro Portion ca. 640 Kalorien/2679 Joule)

SCHOKOLADE, egal welcher Sorte, darf in Deutschland weder künstliche Aromastoffe noch Farbe noch Konservierungsmittel enthalten. Hier gilt – wie beim Bier – das Reinheitsgebot. Alle Schokoladensorten bestehen nur aus gemahlenen Kakaobohnen, Milch oder Milchpulver, Zucker und Gewürzen. Dazu kommen natürliche Geschmackszutaten wie z.B. Nüsse und Trauben.

Backen

Auch wer glaubt, gar nicht backen zu können, findet hier vieles, das schon beim ersten Versuch gelingt – sogar eine Torte, für die man nicht einmal einen Backofen braucht! Ganz gleich, ob Obsttörtchen oder Zwiebelkuchen, Rumkugeln oder Pizza – es schmeckt und reicht für viele. Fertige Backmischungen und Tortenböden nehmen komplizierte Arbeiten ab. Klassisches, wie Rühr- oder Hefeteig, kann man nach diesen Rezepten ganz leicht selbst machen. Und hat damit die besten Grundlagen für immer neue Variationen.

Hefeteig

500 g Mehl, 1 Päckchen Trockenhefe, 1 Teel. Salz, 2 Eßl. Öl, Mehl zum Kneten.

1 Mehl, Trockenhefe und Salz mischen, Öl zugeben. 300 ccm Wasser (gut einen Viertelliter) nach und nach zugießen.

2 Alle Zutaten mit den Knethaken des Handrührers mischen und so lange kneten, bis sich der Teig vom Schüsselboden löst und weich und formbar ist. Ist er zu zäh und fest, noch ein bis zwei Eßlöffel Wasser zugeben.

3 Teig auf der leicht bemehlten Arbeitsfläche mit den Händen noch fünf Minuten durchkneten: Teig mit den Handballen flach drücken, zusammennehmen und wieder flach drücken.

4 Teig zugedeckt bei Zimmertemperatur für mindestens eine Stunde aufgehen lassen. Er soll sich dann etwa verdoppelt haben. Je nach Rezept weiterverarbeiten.

BACKBLECHGRÖSSEN: Backbleche neuerer Herde sind teilweise bis zu einem Drittel kleiner als die älterer Modelle. Die Zutaten in diesen Rezepten sind für die Blechgröße 30x40 cm berechnet. Diese Teigmenge ergibt auf größeren Blechen dünnere Kuchen, auf kleineren etwas dickere. Große Bleche lassen sich aber auch durch einen zusammengekniffften Streifen Alufolie auf das gewünschte Maß begrenzen.

Rührteig

250 g Butter oder Margarine, 250 g Zucker, 1 Prise Salz, 1 Päckchen Vanillinzucker, 4 Eier, 500 g Mehl, 1 Päckchen Backpulver.

1 Weiches Fett, Zucker, Salz und Vanillinzucker in eine Schüssel geben. Mit den Quirlen des Handrührers so lange verrühren, bis sich alle Zutaten verbunden haben und der Zucker nicht mehr knirscht. Das dauert etwa zwei Minuten.

2 Nacheinander die Eier aufschlagen und einzeln unter die Zucker-Fett-Mischung rühren.

3 Mehl und Backpulver vermischen und zugeben. Bei mittlerer Stufe mit dem Handrührer rühren, bis kein Mehl mehr sichtbar ist. Das dauert höchstens drei Minuten. Vorsicht: nicht zu lange rühren, sonst fällt der Teig beim Backen zusammen.

4 Der Teig hat die richtige Beschaffenheit, wenn er schwer reißend vom Löffel fällt. Bleibt er fest daran hängen, zwei bis drei Löffel lauwarmes Wasser unterrühren. Ist er zu dünn und rutscht gleich ab, noch etwas Mehl unterrühren.

5 Den Teig je nach Rezept weiterverarbeiten.

Beim Backen kommt's auf das EIER-GEWICHT an. Ein Ei der Gewichtsklasse eins kann nämlich doppelt soviel wiegen wie eines der Klasse sieben. In unseren Rezepten sind die am häufigsten angebotenen Eier der Klasse drei (60 bis 65 Gramm) oder vier (55 bis 60 Gramm) gemeint.

Spiegelei-Kuchen

Foto Seite 80

In einer Stunde 30 Minuten fertig

Backofen, Handrührer, Fettpfanne

Creme: 1 Päckchen Vanillepuddingpulver, ½ l Milch, 75 g Zucker, je 1 Becher Crème fraîche und saure Sahne à 200 g; Teig: 250 g Butter oder Margarine, 250 g Zucker, 1 Prise Salz, 3 Eier, 250 g Mehl, ½ Päckchen Backpulver; Fett für das Blech; Belag: 1 Dose Aprikosen (480 g Einwaage), 1 Päckchen klarer Tortenguß, 1 Eßl. Zucker.

1 Vanillepudding nach Anweisung auf der Packung mit Milch und Zucker zubereiten. Abkühlen lassen.

2 Inzwischen den Rührteig zubereiten (→S. 127). Auf die gefettete Fettpfanne streichen. Im Backofen bei 200 Grad/Gas Stufe 3 in 20 Minuten backen.

3 Crème fraîche und Sahne unter den Pudding rühren und gleichmäßig auf den abgekühlten Kuchen streichen.

4 Fettpfanne wieder in den Backofen schieben, auf 150 Grad/Gas Stufe 1 schalten und noch etwa 20 Minuten backen. Herausnehmen und abkühlen lassen.

5 Aprikosen abtropfen lassen. Dabei den Saft auffangen und einen Viertelliter abmessen.

6 Aprikosen mit der Schnittfläche nach unten gleichmäßig auf den Kuchen legen.

7 Tortengußpulver, Zucker und Aprikosensaft in einem kleinen Topf sorgfältig glattrühren. Unter ständigem Rühren zum Kochen bringen.

8 Guß mit einem Eßlöffel sofort auf dem Kuchen verteilen. Etwa 30 Minuten trocknen lassen.

Für 20 Stücke (pro Stück ca. 310 Kalorien/1298 Joule)

Weizenbrot

1 Rezept Hefeteig (→S. 126), 1/2 Teel. gemahlener Koriander, 1 Teel. Salz, Fett für die Form, 2 Eßl. Milch, Sesam, Mohn oder Sonnenblumenkerne zum Bestreuen.

Frühestens in 2 Stunden 15 Minuten fertig (reine Arbeitszeit etwa 20 Minuten)

Backofen, Handrührer, Kastenform (30 cm lang)

1 Hefeteig mit Koriander und zusätzlichem Salz zubereiten.

2 Teig noch einmal mit den Händen durchkneten und in eine gefettete Kastenform (30 cm lang) geben. Noch 15 Minuten gehen lassen.

3 Mit Milch bestreichen und der Länge nach vorsichtig etwa einen Zentimeter tief einschneiden. Mit Sesam, Mohn oder Sonnenblumenkernen bestreuen.

4 Form in den Ofen schieben, bei 200 Grad/Gas Stufe 3 etwa 40 Minuten backen.

5 Brot aus der Form nehmen und auf einem Kuchengitter oder dem Rost des Backofens abkühlen lassen.

Für 15 Scheiben (pro Scheibe ca.130 Kalorien/544 Joule)

Auch BESCHICHTETE BACKFORMEN immer dünn mit Butter oder Margarine ausstreichen, damit sich das fertige Gebäck besser löst. Vorsicht: kein Öl nehmen! Es kann bei den hohen Backtemperaturen verbrennen und die Form unbrauchbar machen.

Kirschtörtchen

In etwa 1 Stunde fertig (reine Arbeitszeit 30 Minuten)

Backofen, Handrührer, 15 Papierförmchen zum Backen

1 Glas Sauerkirschen (Einwaage 165 g), 1/2 Rezept Rührteig (→S. 127).

1 Kirschen abtropfen lassen, den Saft dabei auffangen.

2 Rührteig zubereiten, dabei statt des Wassers drei Eßlöffel Kirschsaft zugeben.

3 Kirschen gleichmäßig unter den Teig mischen.

4 Den Teig mit einem Eßlöffel in 15 Papierförmchen verteilen und auf ein Backblech setzen.

5 Die Törtchen im Ofen bei 175 Grad/Gas Stufe 2 etwa 30 Minuten backen.

Für 15 Stück (pro Stück ca. 180 Kalorien/753 Joule)

Kaum ein BACKOFEN gleicht dem anderen. Kleine Abweichungen bei Backzeiten und -temperaturen sind deshalb normal. Bei neuen Rezepten im letzten Drittel der Backzeit lieber einmal öfter nachsehen. Für das Backen in Umluftherden gibt es eine Faustregel: Von der Temperaturangabe für herkömmliche Herde rund 30 Grad abziehen. Beim erstenmal lieber häufiger kontrollieren!

Schnelle Obsttörtchen

In 15 Minuten fertig

Handrührer

Die Arbeitszeit erhöht sich bei der doppelten Menge nur geringfügig. Bei drei- oder vierfacher Menge Creme und Sahne portionsweise schlagen.

Creme und Früchte statt auf Torteletts auf einen großen Obsttortenboden geben.

10 Mürbeteig-Torteletts (fertig gekauft), 1 Päckchen Vanillecreme (Instant), 300 ccm Milch, 1 Paket TK-Brombeeren (250 g; oder andere Beeren), 1/2 Becher Schlagsahne (100 g), 20 g Mandelblättchen.

1 Mürbeteig-Torteletts auf eine Kuchenplatte legen. Vanillecreme mit kalter Milch nach Anweisung auf der Verpackung zubereiten und auf die Torteletts verteilen. Angetaute Brombeeren auf die Creme geben.

2 Gut gekühlte Schlagsahne in ein hohes Gefäß gießen. Mit den Quirlen des Handrührers die Sahne zuerst auf mittlerer Schaltstufe eine halbe Minute, dann auf höchster Stufe schlagen, bis sie fest geworden ist. Sofort aufhören, wenn die Beschaffenheit der Sahne sich von cremig in leicht klumpig verändert.

3 Auf jedes Tortelett einen Löffel Sahne geben und mit Mandelblättchen bestreut servieren.

Für 10 Stück (pro Stück ca. 240 Kalorien/1005 Joule)

Apfelkuchen mit Honig

Je 250 g Weizenmehl Type 1050 und 1700, 1 Päckchen Backpulver, 150 g flüssiger Honig, 2 Eier, 175 g Butter oder Margarine, 100 ccm Milch, 1/2 Zitrone, 600 g Äpfel, Fett für die Form, 75 g gemischte Nüsse, 1 Eßl. Rosinen.

In etwa 1 Stunde 20 Minuten fertig (reine Arbeitszeit 20 Minuten)

Backofen, Handrührer, Springform (⌀ 24 cm)

Die doppelte Rezeptmenge auf die gefettete Fettpfanne des Backofens geben und etwa 40 Minuten backen.

1 Beide Mehlsorten mit Backpulver, 100 Gramm Honig, Eiern, weichem Fett und Milch zu einem glatten Teig verkneten (→S. 127).

2 Äpfel schälen, vierteln und entkernen. Mit Zitronensaft beträufeln, damit sie sich nicht verfärben. Apfelviertel an der geschälten Seite mehrmals parallel einschneiden.

3 Teig in eine gefettete Springform (⌀ 24 cm) füllen und glattstreichen. Die Äpfel so in den Teig drücken, daß die eingeritzte Seite jeweils oben liegt. Mit Nüssen und Rosinen bestreuen.

4 Kuchen im Backofen bei 200 Grad/Gas Stufe 3 etwa eine Stunde backen. Noch heiß mit dem restlichen Honig beträufeln.

Für 16 Stücke (pro Stück ca. 280 Kalorien/1172 Joule)
Dazu paßt Schlagsahne

> Wenn im Rezept nichts anderes angegeben ist, die BACKFORM immer so in den Ofen schieben, daß das Gebäck sich ungefähr in der Mitte befindet. Hohe Napfkuchenformen stehen also etwas tiefer als flache Bleche, z.B. mit Obstkuchen.

Gebackenes Päckchen

Foto Seite 78

In etwa 4 Stunden fertig (reine Arbeitszeit 40 Minuten)

Backofen, Handrührer, eckige Backform (20x28 cm), Gefrierbeutel

Ein schönes Gastgeschenk

Ohne entsprechende Backform kann man aus extra starker Alufolie einen etwa drei Zentimeter hohen Rand kniffen und damit die Fettpfanne des Backofens in den angegebenen Maßen begrenzen.

Teig: 1 Paket Backmischung „Sandkuchen“ (350 g), Eier, Butter oder Margarine und Milch nach Anweisung auf der Packung oder 1/2 Rezept Rührteig (→S. 127); Fett für die Form; Guß: 2 Eiweiß, 375 g Puderzucker, Speisefarbe.

1 Backmischung nach Anweisung auf der Packung mit Eiern, Fett und Milch oder Wasser verrühren. Oder Rührteig nach Rezept zubereiten.

2 Eine eckige Form (etwa 20x28 cm) mit Fett ausstreichen, Teig einfüllen und die Oberfläche glattstreichen.

3 Im Backofen bei 200 Grad/Gas Stufe 3 40 Minuten backen.

4 Den Kuchen 10 Minuten abkühlen lassen. Mit einem spitzen Messer vom Formrand lösen und auf ein Kuchengitter stürzen. Den Kuchen vollständig abkühlen lassen.

5 Für den Guß Eiweiß mit den Quirlen des Handrührers halbsteif schlagen. Puderzucker nach und nach zufügen. Der Guß soll eine dickflüssige, cremige Beschaffenheit haben. Vom Guß etwa vier Eßlöffel abnehmen und mit Speisefarbe färben.

6 Kuchen mit dem restlichen Guß überziehen. Dafür mindestens die Hälfte des Gusses auf einmal auf den Kuchen gießen und mit einem großen Messer oder einer Palette verstreichen. Zum Bestreichen der Kanten Zuckerguß aufs Messer geben und den Guß von unten nach oben hochziehen. Etwa 15 Minuten trocknen lassen.

7 Bunten Guß noch einmal durchrühren, damit er ganz glatt ist, und in einen kleinen Gefrierbeutel füllen. Beutel an einer Ecke knapp abschneiden. Mit dem bunten Zuckerguß das „Geschenkband“ und die „Schleife“ auf den Kuchen spritzen. Trocknen lassen. Es kann auch ein Brief mit Anschrift, eine Flagge usw. daraus werden. Oder in der Springform (Ø 24 cm): Lolly, Uhr, Schallplatte.

Für 12 Stücke (pro Stück ca. 320 Kalorien/1339 Joule)

Joghurt-Torte – ohne Backen

Foto Seite 78/79

Boden: 150 g Zwieback, 150 g Butter oder Margarine, 50 g Zucker; Belag: 8 Blatt weiße Gelatine, 4 Eier, 4 Becher Joghurt (10 %), 175 g Zucker, ½ Zitrone, 250 g frische oder TK-Himbeeren.

In frühestens 6 Stunden fertig (reine Arbeitszeit 1 Stunde 30 Minuten)

Blitzhacker oder Kuchenrolle, Springform (⌀ 24 cm)

Den Belag auf einen fertig gekauften Biskuit- oder Mürbeteigboden streichen. Für die Creme statt Joghurt 500 Gramm Quark und einen Becher Schlagsahne verwenden. Statt Himbeeren andere Beeren oder Früchte verwenden.

1 Für den Tortenboden Zwieback im Blitzhacker zerkleinern. Oder den Zwieback zwischen zwei Küchentücher legen und mit der Kuchenrolle darüberollen, bis er fein zerbröselt ist.

2 Fett bei kleiner Hitze schmelzen, aber nicht braun werden lassen.

3 Zwiebackkrümel, Zucker und flüssiges Fett in eine Schüssel geben und mit den Händen verkneten. Springformrand (⌀ 24 cm) auf eine Tortenplatte setzen. Die Mischung fest hineindrücken. Etwa eine Stunde stehenlassen.

4 Inzwischen Gelatine mit kaltem Wasser bedeckt zehn Minuten einweichen.

5 Eier trennen (→S. 116). Joghurt mit Eigelb, Zucker und Zitronensaft verrühren.

6 Drei Eßlöffel Wasser in einem kleinen Topf zum Kochen bringen. Von der Kochstelle nehmen. Gut ausgedrückte Gelatine zugeben und so lange rühren, bis sie sich in der heißen Flüssigkeit aufgelöst hat (Gelatine darf nicht kochen!).

7 Etwa ein Viertel der Joghurtcreme nach und nach zur Gelatine geben; dabei ständig rühren, damit sich keine Klümpchen bilden. Diese Mischung mit einem Schneebesen unter die restliche Creme rühren.

8 Kalt stellen, bis die Creme halbfest ist. Das dauert etwa 30 Minuten. Die Beschaffenheit ist richtig, wenn die Spur eines durchgezogenen Schneebesens sichtbar bleibt.

9 Eiweiß steif schlagen (→S. 116). Die Hälfte der Beeren und den Eischnee unter die Creme heben. Joghurtcreme auf den Tortenboden streichen. Mit restlichen Beeren belegen.

10 Torte für mindestens vier Stunden, besser über Nacht, in den Kühlschrank stellen.

11 Creme mit einem spitzen Messer vom Formrand lösen. Springformrand entfernen. Torte mit einem großen Messer in Stücke schneiden; das Messer zwischendurch immer wieder in heißes Wasser tauchen.

Für 16 Stücke (pro Stück ca. 260 Kalorien/1088 Joule)

Napfkuchen mit Pfefferminz

In 1 Stunde 30 Minuten fertig (reine Arbeitszeit 20 Minuten)

Backofen, Handrührer, Napfkuchenform (∅ 24 cm), Kuchengitter (oder Rost aus dem Backofen)

100 Gramm Rosinen, Schokoladenplätzchen oder gehackte Nüsse unter den Teig heben. Oder den fertigen Kuchen mit Kakao- oder Zitronenglasur überziehen.

1 Rezept Rührteig (→S. 127), Fett für die Form, 1 Paket dünne Pfefferminztäfelchen mit Schokoladenüberzug (200 g), 1 Eßl. Puderzucker.

1 Teig zubereiten. In eine gefettete Napfkuchenform füllen und glattstreichen.

2 Pfefferminztäfelchen senkrecht in den Teig stecken.

3 Form im Backofen bei 175 Grad/Gas Stufe 2 etwa eine Stunde zehn Minuten backen.

4 Mit einem Holzspieß in den Kuchen stechen. Er ist gar, wenn kein Teig hängenbleibt.

5 Den Kuchen noch etwa zehn Minuten in der Form stehenlassen. Aus der Form lösen, auf ein Kuchengitter stürzen und abkühlen lassen.

6 Puderzucker in ein kleines Sieb geben und den Kuchen damit bestäuben.

Für 20 Stücke (pro Stück ca. 310 Kalorien/1298 Joule)

Soll ein Kuchen in einer anderen Form (Herzform oder andere Figuren), als im Rezept angegeben, gebacken werden, die FORM MIT EINEM LITERMASS AUSMESSEN. Eine Napfkuchenform von 24 cm ∅ faßt etwa 2,5 Liter, eine Kastenform von 30 cm Länge etwa 2 Liter.

Waffeln

In 40 Minuten fertig

Handrührer, Waffeleisen

Größere Mengen eventuell im Backofen warm halten. Waffeln schmecken aber auch abgekühlt.

125 g Butter oder Margarine, 3 Eier, 250 g Mehl, 1 Teel. Backpulver, 1 Prise Salz, Fett für das Waffeleisen (Öl oder Butterschmalz).

1 Weiches Fett, Eier, Mehl, Backpulver, Salz und einen Achtelliter Wasser mit den Quirlen des Handrührgerätes zu einem weichen Teig verrühren.

2 Das Waffeleisen vorheizen und mit etwas Fett bestreichen.

3 Eine Kelle Teig in die Mitte des Eisens geben, das Eisen schließen und die Waffel bei mittlerer Hitze in etwa drei bis vier Minuten goldbraun backen.

4 Waffel mit einer Gabel herausnehmen.

5 Die restlichen fünf Waffeln ebenso herstellen und sofort servieren.

Für 6 Stück (pro Stück ca. 400 Kalorien/1674 Joule)
Dazu passen Marmelade, Honig, Ahornsirup, Schlagsahne

Sesamwaffeln: 100 g Honig mit einem Achtelliter Wasser verrühren und zusätzlich 100 Gramm Sesam und einen halben Teelöffel Kardamom unter den Teig rühren.
Nußwaffeln: Statt des Wassers Milch nehmen und zusätzlich 50 Gramm fein gehackte Haselnüsse und drei Eßlöffel Zucker unterrühren.
Olivenwaffeln mit Käse: Das Wasser mit einem Teelöffel Instantbrühe mischen und je 50 Gramm Oliven ohne Stein, Cashewkerne und Goudakäse fein hacken und unter den Teig rühren.

Teige mit BACKPULVER müssen spätestens eine halbe Stunde nach dem Anrühren gebacken werden, weil danach die Triebkraft des Backpulvers nachläßt und das Gebäck nicht mehr richtig aufgeht.

Bananenkuchen amerikanisch

In etwa 1 Stunde 30 Minuten fertig (reine Arbeitszeit 20 Minuten)

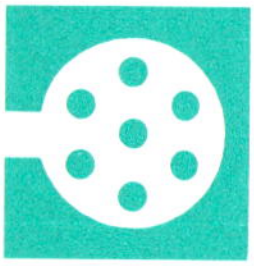

Backofen, Kastenform (30 cm lang)

300 g Butter oder Margarine, 300 g Zucker, 1 Prise Salz, 6 Eier, 400 g Mehl, 1 Päckchen Backpulver, evtl. 3 Eßl. Rum, 4 große, reife Bananen, Fett für die Form.

1 Alle Zutaten außer Bananen wie beim Rührteig (→S. 127) zu einem Teig verarbeiten, dabei statt des Wassers eventuell Rum zugeben.

2 Bananen schälen und mit einer Gabel gründlich zu Mus zerdrücken.

3 Bananen unter den Teig rühren. Teig in eine gefettete Kastenform (30 cm lang) füllen.

4 Die Form mit Backtrennpapier abdecken und bei 200 Grad/ Gas Stufe 3 etwa eine Stunde zehn Minuten backen.

5 Den Kuchen mit einem Messer von der Form lösen, auf ein Kuchengitter oder den Rost des Backofens stürzen und weiter abkühlen lassen.

Für 24 Stücke (pro Stück ca. 250 Kalorien/1047 Joule)

KUCHEN sollte, bevor man ihn aus der Form löst, etwa drei Minuten ABKÜHLEN. In dieser Zeit stabilisiert sich der gare Teig; das Teigvolumen wird geringer. Es entsteht eine Luftschicht zwischen Kuchen und Form, die das Herauslösen einfacher macht. Wenn er länger steht, klebt der Kuchen dann wieder fest.

Rumkugeln

Foto Seite 78

In 1 Stunde fertig (reine Arbeitszeit 30 Minuten)

1 Biskuittortenboden (250 g; oder 250 g Gebäckreste), 3 Tafeln Zartbitterschokolade à 100 g, 200 g Butter oder Margarine, 50 ccm Rum, 125 g Schokoladenstreusel.

1 Biskuittortenboden mit den Fingern fein zerreiben.

2 Schokolade zerbröckeln und in einen kleinen Topf geben. Den Topf in einen mit heißem Wasser gefüllten größeren Topf geben und die Schokolade auf der Kochstelle bei kleiner Hitze unter ständigem Rühren schmelzen. Achtung: Es darf kein Wasser in die Schokolade spritzen.

3 Flüssige Schokolade, weiches Fett, Biskuitbrösel und Rum verrühren. Etwa eine halbe Stunde kalt stellen. Aus der Schokoladenmasse etwa zehn Kugeln formen.

4 Die Kugeln in Schokoladenstreuseln wälzen.

Für 10 Stück (pro Stück ca. 490 Kalorien/2051 Joule)

Zwiebelkuchen

Frühestens in 2 Stunden 15 Minuten fertig (reine Arbeitszeit 45 Minuten)

Backofen, Handrührer, Backblech, Kuchenrolle (ersatzweise Flasche)

Hefeteig läßt sich am Vortag kneten. Über Nacht zum Aufgehen in den Kühlschrank stellen. Der Belag läßt sich ebenfalls vorbereiten.

1 Rezept Hefeteig (→S. 126), 1,5 kg Gemüsezwiebeln, 150 g durchwachsener Speck, 1 Eßl. Öl, Fett fürs Blech, 2 Becher stichfeste saure Sahne à 150 g, 3 Eier, Salz, frisch gemahlener Pfeffer, 1/2 Teel. Kümmel.

1 Hefeteig zubereiten.

2 Während der Teig aufgeht, für den Belag die Zwiebeln abziehen (→S. 61), längs halbieren und in Scheiben schneiden.

3 Schwarte vom Speck abschneiden und den Speck würfeln. Bei kleiner Hitze unter Rühren glasig braten; herausnehmen.

4 Öl zum Speckfett in die Pfanne geben. Zwiebeln darin unter Rühren bei großer Hitze in zwei Portionen glasig dünsten.

5 Auf der leicht bemehlten Arbeitsfläche den Teig mit den Händen noch einmal durchkneten. Etwa auf Blechgröße ausrollen (→S. 141), aufs gefettete Backblech legen und Teig in die Ecken drücken. Noch 15 Minuten gehen lassen.

6 Saure Sahne, Eier, abgekühlte Zwiebeln und Speck mischen. Mit Salz, Pfeffer und Kümmel kräftig würzen.

7 Zwiebelmischung auf dem Teig verteilen und das Backblech in den Ofen schieben. Bei 200 Grad/Gas Stufe 3 etwa 40 Minuten backen.

Für 20 Stücke (pro Stück ca. 210 Kalorien/879 Joule)

Auch wer nur ein Backblech hat, kann mehrere BLECHKUCHEN HINTEREINANDER BACKEN: Während das Blech mit dem ersten Teig im Ofen ist, den zweiten auf einem blechgroßen Stück Backtrennpapier vorbereiten. Wenn die erste Partie aus dem Ofen kommt, herunternehmen und das Papier mit dem nächsten Teig aufs Blech heben und weiterbacken.

Pizza mit Salami und Oliven

Foto Seite 79

In 1 Stunde 30 Minuten fertig (reine Arbeitszeit 30 Minuten)

Backofen, Handrührer, Kuchenrolle (ersatzweise Flasche), Backblech

Teig und Belag lassen sich über Nacht im Kühlschrank aufbewahren. Wer mehrere Bleche besitzt, kann die Pizzen am Vortag etwa 20 Minuten vorbacken und kurz vor dem Servieren fertigbacken.

1 Rezept Hefeteig (→S. 126); Belag: 2 Zwiebeln, 2 Knoblauchzehen, 20 g Butter oder Margarine, 1 große Dose Tomaten, Salz, frisch gemahlener Pfeffer, Edelsüß-Paprika, 1/2 Teel. getrockneter Oregano, evtl. Fett für das Blech, Mehl zum Bestäuben, 1 große grüne Paprikaschote, 100 g Salami in dünnen Scheiben, 10 schwarze Oliven, 200 g Emmentaler Käse.

1 Teig zubereiten.

2 Für den Belag Zwiebelwürfel (→ S. 61) und zerdrückten Knoblauch (→S. 32) in heißem Fett in einer großen Pfanne andünsten, bis die Zwiebeln glasig sind. Tomaten mit ihrer Flüssigkeit zufügen und bei großer Hitze kochen, bis die Flüssigkeit fast verdampft ist und eine cremige Soße, das „Sugo“, entstanden ist. Sugo mit Salz, Pfeffer, Edelsüß-Paprika und Oregano abschmecken.

3 Den aufgegangenen Teig mit den Händen nochmals kräftig durchkneten.

4 Ein Backblech (Größe etwa 30x40 cm) mit Backtrennpapier auslegen oder mit Fett bepinseln.

5 Arbeitsfläche zum Ausrollen des Teiges mit wenig Mehl bestäuben. Teig mit einer leicht bemehlten Kuchenrolle etwa auf Backblechgröße ausrollen, auf das Blech legen und in die Ecken drücken.

6 Sugo auf den Teig streichen. Mit Paprikastreifen (→S. 86), Salamischeiben, Oliven und geriebenem Käse belegen.

7 Blech in den Backofen schieben, bei 200 Grad/Gas Stufe 3 40 Minuten backen, bis der Käse hellbraun ist.

Für 4 Portionen (pro Portion ca. 950 Kalorien/3977 Joule)

Register